那些厲害人物都懂的

人性勝率%

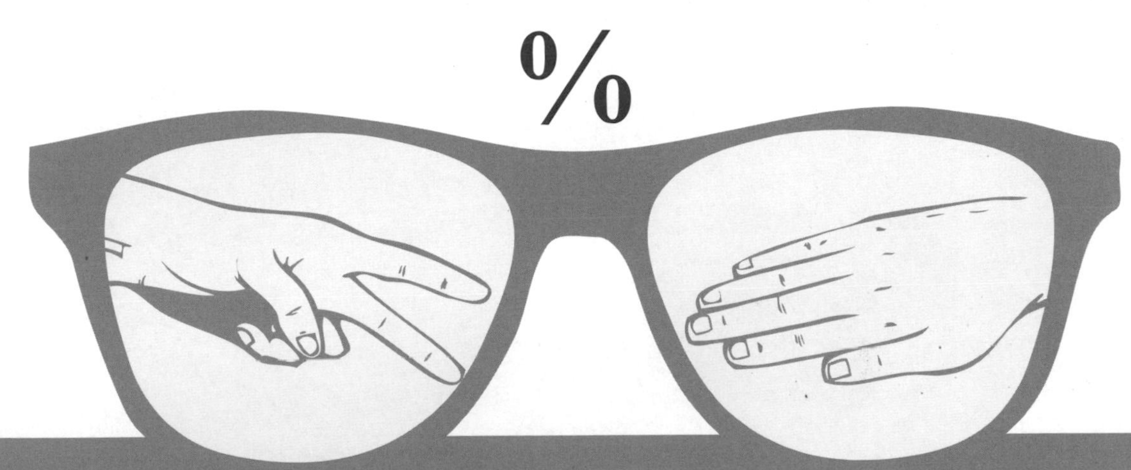

刑群麟・宿春禮 編著

序文——耍點心機非惡事，何妨審視硬幣的另一面

萬里無雲的高空，雄鷹在展翅高飛；廣袤無垠的草原，野兔在歡奔跳躍。突然間，鷹發現了地面上的野兔，牠得意地盤旋了一會兒，便如箭一般俯衝下來，在這千鈞一發之際，野兔在草地上一滾「假死」了過去。

老鷹不疑有他，幾千米的高空俯衝下來，伸開雙爪抓取野兔時，「死」去的野兔一躍而起，用腳爪往鷹的胸肚猛烈襲擊。鷹出其不意地負傷，只得悲鳴幾聲，振翅敗落而去。

這是「兔子蹬鷹」的故事。在這場鷹與兔的生死博弈中，弱者之兔擊敗了強者之鷹，就在於它巧妙地運用了偽裝。

在自然界「物競天擇，適者生存」的淘汰法則之下，任何生物為了生存，都必須努力去適應；強者有強者的生存之道，弱者有弱者的生存法則，無論強與弱，都應該注意自己生存的「潛規則」。只有這樣，才能在險惡裡，為自己爭得一片生命的樂土；自然界如此，人類社會也是如此。

人與人之間，時時刻刻存在著一個繞不開的博弈。在人生的博弈中，雙贏是最佳的結果。

因此，我們無論處理什麼事情，最好首先考慮「雙贏」。但是，雙贏需要天時、地利、人和，而現實常常難以讓你如此樂觀。所以，生活中的弱者往往需要採取一些策略來達成自保目的，甚至在與強者的對抗中取得勝利。

《孫子兵法》言：「凡戰者，以正合，以奇勝。」生活就是一場無硝煙的戰爭，比起真刀真槍的戰爭，其嚴酷性甚至有過之而無不及，在與人打交道的過程中，需要注意策略和技巧。當你處於弱勢的時候，則更應該在「奇」字上下功夫。

在生命的這局棋中，有各種各樣的規則，有些以法律、法條的形式確定下來。如果你不遵守這些規則，其結果自然是被繩之以法、約之以規。但是，人性之複雜決定了很多事情絕非單一標準。在眾人均要遵循的法律、法規之外，其實還有一些不言而喻的「潛規則」。

這些規則帶有一定的隱蔽性，知道並善於運用它的人，就是所謂的「以奇勝者」；而不知道它的人，在博弈的過程中容易形成強者落敗、弱者滅頂的後果。可以說，掌握了檯面上的規範，又掌握了人性的潛規則，你就掌握了生存之道。

正是由於潛規則的隱蔽性，聰明人在生活中往往能出其不意，取得明顯的生存優勢。也正因為如此，古往今來，人們對此趨之若鶩，在人事紛擾的世界裡上演了無數驚險劇碼。

綜觀中外歷史上叱詫風雲、成就大事之人，無一不是深諳生存之道，洞悉人性之妙的人。這些成功者面對對手，善於掌控主動；身處劣勢，善用韜晦，等待時機；位居高位，從容駕馭進退；面對危機，機敏應對，巧妙化解……這種種智慧，就是成就大事業者必備的「韜略」。

正如光明的太陽也存在黑子，皎潔的月光也存在陰影；成功也如同一枚硬幣存在兩面：一面是攀向成功之巔的懸崖與峭壁，需要人付出艱辛和汗水，這是多數人的選擇，屬於硬幣的正面；另一面卻是繞向成功之峰的羊腸小徑，需要人善於機變，並且敢於「不走尋常路」，才可能繞行多數人必須攀援的險途，走向成功。

這屬於少數人的選擇，屬於硬幣的反面。選擇付出艱辛與汗水固然可以取得成功，但需要堅強的意志力支撐；選擇繞道而行也可以取得成功，但需要敏銳的判斷力掌舵。這就是為何世間從來都是平凡者居多，成就卓越者總是少數。

本書選取歷史的事例，從中汲取成功的潛規則，引領讀者輕鬆獲得成長智慧、洞悉生存方略、贏得成功心法並最終知曉人生博弈最高哲學。羅曼 羅蘭曾經說過：「每個人的心底，都有一座埋藏記憶的小島，永不向人打開」、「希望這本書可以作為一把打開埋藏著成功奧妙的鑰匙，為您活得更從容、做得更成功提供一些更實用、更有效的智慧。

目錄

第二章　人和為貴，切莫輕忽魔鬼細節

第三章　方圓有度，知進退者輕取天下

第四章　臨危不亂，善於變通保全大局

第五章　收服人心，優化利益創造雙贏

第六章　創富有道，人捨我取無往不利

第七章　摸透人性，情商決定成功上限

第一章

先機在手，掌握人生的發球權

古人云：「強者，先機也。」

在人生之路上只有兩種結果，要麼成，要麼敗。如果不想被別人踢出局外，只有在別人出手前，先發動攻勢，掌控博弈人生的主動權，先下手為強，即是此理。

激勵士氣，哀兵必勝

拿破崙曾經說：「一支軍隊的實力，四分之三是由士氣構成的。」這種說法似乎有些誇張，但不無道理。士氣是構成戰鬥力的基本要素，軍隊士氣的高低，直接影響著戰爭的勝負。

古今中外的軍事家，都把重挫敵人的銳氣，激勵己方的士氣，作為運籌決策的重要內容。

西元前二七九年，齊國田單所率軍隊被燕軍圍於即墨。田單首先派間諜向外宣傳說：「齊軍最害怕被俘虜的軍士的鼻子被割掉了！」燕軍聽說後，果真這樣去做，令人將俘虜的鼻子全割掉，推到陣前恐嚇齊軍。

城中軍民看到被俘的士兵被割去鼻子，異常憤怒，死守不屈。田單又派出間諜四處散布言論說：「齊軍害怕燕軍挖城外的祖墳，那會使城中軍民人人寒心，失去鬥志。」燕軍將領聽說後，不僅下令挖掉齊人的墳墓，還焚燒骸骨，威逼齊人投降。

城中齊國軍民見此情景，悲痛涕零，義憤填膺，決心與燕軍決一死戰。田單看到高昂的士氣上來了，便率領軍民大舉反攻。燕軍潰敗，齊軍很快收復了所有失地。

歷史智慧

常言道：哀兵必勝。示以「哀兵」之形，往往會造成敵方驕縱輕敵心理，而己方因處於受壓迫、受凌辱的地位，必然懷著滿腔悲憤，求勝爭強。此時則可以因勢利導，積極發動攻勢，就能戰而勝之。如何激起哀兵之勢呢？田單採取了謠言惑眾的辦法，誘使敵人去割鼻挖墓，看似消沉齊軍意志，實則暗中另有所圖，他是要透過此舉激起軍民同仇敵愾的士氣，軍隊有了這樣高昂的士氣，打起仗來焉有不勝之理？

不該仁義時就要兇狠

在戰爭中，當時機成熟時，一定要果斷重拳出擊，千萬不能陷入無謂的「仁義」，唯有如此才不會陷入被動。

春秋時，齊桓公死後，宋襄公不自量力，想接替齊桓公當霸主。但是，遭到了各國的反對。宋襄公發現鄭國支持楚國做盟主最積極，便想找機會征伐鄭國出口氣。

周襄王十四年，宋襄公親自帶兵去征伐鄭國。楚成王見勢，發兵去救鄭國。但他沒有直接前往鄭國，卻率領大隊人馬直奔宋國。宋襄公慌了手腳，只得帶領宋軍連夜往回趕。等宋軍在泓水（今河南柘城西北）紮好了營寨時，楚國兵馬也來到了對岸。

公孫固勸宋襄公說：「楚兵到這裡來，不過是為了援救鄭國。咱們已從鄭國撤回軍隊，楚國的目的也達到了。咱們力量小，不如和楚國講和算了。」

宋襄公說：「楚國雖說兵強馬壯，可是他們缺乏仁義；咱們雖說兵力不足，但舉的是仁義大旗。他們的不義之兵，怎麼打得過咱們這仁義之師呢？」

宋襄公還下令做了一面大旗，繡上「仁義」二字，準備以「仁義」之名出兵楚國軍隊。天亮以後，楚軍開始過河了。公孫固對宋襄公說：「楚國人白天渡河，明明是瞧不起咱們。咱們趁他們渡河到一半時，迎頭打過去，一定會勝利。」

宋襄公還沒等公孫固說完，便指著飄揚的大旗說：「你難道沒見到旗上的『仁義』二字嗎？人家過河還沒過完，咱們就打，還算什麼『仁義』之師呢？」

待楚兵全部渡過了河，在岸上布起陣來。公孫固見楚兵亂哄哄地還未整好隊伍，趕忙又對宋襄公說：「楚軍還沒布好陣勢，咱們抓住這個機會，趕快發起衝鋒，還可以取勝。」

宋襄公瞪著眼睛大罵道：「你這個傢伙，怎麼淨出歪主意！人家還沒布好陣就去攻打，這算仁義嗎？」

正說著，楚軍已經排好隊伍，洪水般地湧了過來。宋國的士兵嚇破了膽，一個個扭頭就跑。宋襄公手提長矛，催著戰車，想要攻打過去。可還沒來得及往前衝，就被楚兵團團圍住，大腿上早中了一箭，身上還受了好幾處傷。

多虧了宋國的幾員大將奮力衝殺，才把他救出來。等他逃出戰場，宋國的兵車已經損失了十之八九，兵器、糧草也全部丟光，將士們死的死，傷的傷，潰不成軍，那面「仁義」大旗也早已無影無蹤。

老百姓見此慘狀，對宋襄公罵不停口。可宋襄公還覺得他的「仁義」取勝了。公孫固攙扶著他，他還一瘸一拐地邊走邊說：「講仁義的軍隊就得以德服人。人家受傷了，就不能再去傷害他；頭髮花白的老兵，就不能去抓他。我以仁義打仗，怎麼能趁人危難的時候去攻打人家呢？」

那些跟著逃跑的將士，聽了宋襄公的話，都哭笑不得，心想：我們平日打仗，靠拚命才能打敗敵人，這回主公靠「仁義」打仗，卻害得我們差點丟掉性命！

一味地按教條思維去考慮問題而不懂得變通，難免陷入迂腐的誤區，而尚清談輕實際的決戰方式，是可笑且註定要失敗的。宋襄公的可笑，在於他混淆了「仁義」運用的場景和實際情況，才使得自己一步步地陷入被動之境。宋襄公的迂腐做法我們當引以為戒。

將欲擒之，先予縱之

我們無時無刻面臨著一連串與「時機」相關的決定，有句老話這樣說：「時機決定一切。」研究也顯示，何時做決定對最後結果的影響，遠遠超乎想像。例如行動過早，也許會讓我們悖於道義、有違民心而陷入被動的處境。智者做事不會操之過急，他們懂得「欲擒故縱」的道理，在運用「將欲擒之，先予縱之」這一潛規則時，總是得心應手。

鄭莊公的母親姜氏有兩個兒子，老大就是莊公，老二叫共叔段。姜氏對么兒共叔段特別偏愛，幾次請求鄭武公立共叔段為世子，武公都沒有同意。武公死後，長子寤生繼位，是為鄭莊公。姜氏見扶植共叔段的計畫失敗，轉而請求莊公將京邑封給共叔段，莊公不好推辭，只好答應了。

鄭國大夫知道後，立即面見莊公說：「分封的都城，若超過三百丈平方，就會對國家有害。按照先王的制度規定，國內大城不可超過國都的三分之一，中城不可超過國都的五分之一，小城不可超過國都的九分之一。現在將京邑封給共叔段，不合法度。這樣下去恐怕您將控制不住他。」

莊公答道：「這是母親所願，我怎麼能讓她不高興呢？」

大夫又說：「姜氏哪裡有滿足的時候？不如早想辦法處置，不要讓其野心滋長，一旦蔓延了，就像野草叢生無法除盡一樣難以解決。」

莊公沉吟了一會兒，說：「多行不義必自斃。你姑且等著看吧！」其實，鄭莊公心裡早已有了對付共叔段的方略。他知道自己現在力量還不夠強大，共叔段又有母后的支持，現階段要除掉共叔段非易事，不如先讓他安逸度日，等到其罪惡昭著後，再進行討伐，一舉除之。

共叔段到了京邑後，將城進一步擴大，還逐漸把鄭國西部和北部的一些地方據為己有。

公子呂見此情形十分著急，對莊公說：「一個國家是不能有兩個君主的，您打算怎麼做呢？請及早下定決心。若要把國家傳給共叔段，那麼我會奉他為君，如果不傳給他，就請除掉他，以免民意疑慮。」

莊公回答說：「你不用擔心，也不用除他，他將要遭受禍端的。」

此後，共叔段又將他的地盤向東北擴展到與衛國接壤。此時，子封又來見莊公，說：「是時候該除掉共叔段了，若讓他再擴大土地，他恐怕就要得到民心了。」

面對臣子的建言，莊公仍然回說：「他多行不義，人民不會擁護他的。就算共領地擴大，但終有一日一定會崩潰的。」

共叔段見莊公屢屢退讓，更加有恃無恐。他集合民眾，修繕城牆，收集糧草，修整裝備武器，編組戰車，並與母親姜氏約定日期作為內應，企圖偷襲鄭國都城，篡位奪權。

然而莊公對共叔段的一舉一動早已看在眼裡，並有防備。當他得知共叔段與姜氏約定的行動日期後，即命大將子封率領二百將士乘兵車提前進攻京邑，歷數共叔段的叛君罪行，京邑的子民也起來響應，反攻共叔段，最後共叔段棄城而逃，畏罪自殺。其母姜氏也因無顏見莊公而離開宮廷。

鄭莊公運用「將欲擒之，先予縱之」的謀略，順理成章地除掉了王位競爭對手。他考慮到共叔段畢竟是自己的弟弟，若一開始就對共叔段大加討伐，別人會說他不顧親情，在道義上他會失分。所以他先放任共叔段使壞，讓大家看清了是非曲直，才順理成章地出兵。

抓刀要抓刀柄，制人要拿把柄

一般來說，每個人都有弱點，抓住他人的弱點，使對方受制於己雖然是下策，但商場競爭、生存博弈，容不下半點憐憫，唯有「打蛇打七寸」、「抓刀抓刀柄」，才能借力辦事，乘虛而入擊敗對手。

漢代的朱博本是武將出生，後來調任左馮翊為地方文官。他利用一些巧妙的手段，制服了地方上的惡勢力，被人們傳為美談。在長陵一帶，有位惡名昭彰的大富豪名叫尚方禁。他年輕時曾強姦別人家的妻子，被人用刀砍傷了臉面。如此惡棍，本應重重懲治，只因他賄賂了官府的功曹郡吏，不但沒有被革職查辦，反倒被調升為守尉。

朱博上任後，有人向他告發了此事。朱博覺得真是豈有此理！就召見了尚方禁。尚方禁心中七上八下，硬著頭皮來見朱博。朱博仔細看尚方禁的臉，果然發現面有疤痕，便支開侍從，假裝十分關心地詢問究竟。

尚方禁做賊心虛，知道朱博已經知曉了他的過往，連忙給朱博認錯叩頭，如實地說明了事情的經過，請求朱博的原諒。他頭也不敢抬，只是一個勁兒地哀求道：「請大人恕罪，小人今後再也不幹那種傷天害理的事了。」

「哈哈哈……！」朱博突然大笑道：「男子漢大丈夫，發生這種事情難免。本官想給你一個立功的機會，你肯效力嗎？」

於是，朱博命尚方禁不得向任何人洩露此次的談話內容，要他有機會就記錄其他官員的一些言論，及時向朱博報告。尚方禁從此成了朱博的耳目。

自從被朱博寬釋並重用之後，尚方禁對朱博的大恩大德銘記在心，幹起事來特別賣命，不久，就破獲了多起盜竊、強姦等犯罪案，使地方治安大為改善。朱博於是提升他為連守縣縣令。

又過了好一段時間，朱博突然召見那個當年收受尚方禁賄賂的功曹，對他進行了嚴厲的訓斥，並拿出紙和筆，要那位功曹把自己受賄的事全部寫下來，不能有絲毫隱瞞。

那功曹早已嚇得簌簌發抖，只好提起筆寫下自己的斑斑劣跡。

由於朱博早已從尚方禁那裡知道了功曹貪污受賄的事，看了功曹寫的自白書覺得大致不差，就對他說：「你先回去好好反省反省。從今往後，一定要改過自新，不許再胡作非為！」說完就拔出刀來。

功曹一見朱博拔刀，嚇得兩腿一軟，又是打躬又是作揖，嘴裡不住地喊：

「大人饒命！大人饒命！」只見朱博將刀晃了一下，一把抓起那位功曹寫下的罪行，將其砍成紙屑扔了。自此後，那位功曹終日如履薄冰、戰戰兢兢，工作起來盡心盡責，不敢有絲毫懈怠。

歷史智慧

許多老謀深算的官員都知道，抓刀要抓刀柄，制人要拿把柄。在對手身上發現了弱點，善加處置讓其為我所用，這種方法十分奏效。

先下手為強，後下手遭殃倍

心理學家研究發現，對「防禦型悲觀者」來說，「凡是先往壞處想」反而是好的，他們凡事先考慮消極後果並採取相應防範措施，因此在工作策略上更見其效。常言道：「害人之心不可有，防人之心不可無。」我們都是良善之人，但千萬不能以君子之心度小人之腹，沒底線、沒原則地傻做。只有防患於未然，彌禍於無形，才能夠免受其害。

楚國的春申君黃歇，門下有三千門客，是戰國著名的「四公子」之一。當時楚國考烈王沒有子女，春申君就四處搜尋美女獻給楚王。有個叫李園的趙國人，妹妹長得很漂亮。李園本想把妹妹獻給楚王，但是他臨時改變了主意，把妹妹獻給了春申君。

春申君對這個美女寵幸不已，沒過多久，她就懷孕了。

美人想到了一條妙計，和她哥哥偷偷商量後，對春申君說：「夫君，楚王跟您的感情真是好啊！」春申君動情地說：「是啊，我和楚王的感情就連親兄弟也比不上。」

美人又說：「可是楚王沒有兒子，他死後只有讓自己的親兄弟做國君。新國君一定只重用自己身邊的人，哪輪得到您呢？而且您現在的地位崇高，難保不讓人眼紅，若經人挑撥，那您的處境豈不是很危險嗎？」

春申君聽了，說：「是呀，可是又有什麼辦法呢？」

美人眨了眨眼睛，說：「辦法倒是有一個。我已經懷孕了，如果楚王現在喜歡上我，那我生下的孩子就可以當上國君，您就不用擔心以後的前途啦。」

於是春申君照這個美人所言，把她獻給了楚王。美人果然很快就得到了楚王的寵愛。後來，這個美人在宮中生下一個男孩，隨後這孩子被立為太子，美人也當上了王后。

楚王又提拔她的哥哥李園當了高官。但是，李園是個有野心的人，他一來想奪取春申君的權位，二來也怕春申君洩露祕密，便私下養了許多殺手，計畫伺機殺他滅口。

此時的春申君還蒙在鼓裡。他的一個門客朱英對他說：「您做楚國的丞相已經二十多年了，一人之下，萬人之上。來日若楚王死了，您就要輔佐年幼的太子，直到他長大成人。這是您的福氣，但其中也可能隱藏著災禍。正所謂禍兮福之所倚，福兮禍之所伏。」

春申君沒有將他的話放在心上，滿不在乎地說：「我現在過得很好啊，至於將來，會有什麼不幸呢？」

朱英憂心忡忡地說：「李園一直想奪取您手中的權力，他早就偷偷養了許多殺手，只等楚王一死，便將矛頭指向您，這就是我說的災禍啊。不過，現在挽救還來得及，您只要先把我派到楚王的身邊，替您除掉李園，先下手為強，就能免除您的後顧之憂。」

春申君聽了，哈哈一笑，拍拍朱英的肩膀說：「先生多慮了。我了解李園，他是個膽小、溫和的人，我又一直對他那麼好，他不會做出什麼對不起我的事。」

十幾天後，楚考烈王駕崩。李園預先入宮，安排了殺手埋伏在宮門內。趁春申君匆忙進宮，一進宮門，還沒來得及喊救命，李園的殺手就從兩旁殺出來割下了春申君的頭，就連他的家人也沒能逃過這場血光之災。

鼎鼎有名的戰國四公子之一——楚國春申君就這樣被殺了，更為悲慘的是，他可能到死也不曉得是誰殺死他的，因為在他的印象中，李園是個膽小溫和且受恩於自己的人。

歷史智慧

春申君悲劇的主因，就在於他沒有認清李園這樣的小人，對他沒有防範，更沒有先下手為強的意識，最終導致了自己被殺的局面。從中我們知道，面對敵人，千萬不能掉以輕心，主動出擊才能使自己不受侵犯。

「炒作」得體，事半功倍己

「職場，努力工作一定就會被看到」，請記住絕對不是這樣！

在職場裡偶可聽到老闆說：「大家的努力我都看在眼裡，一定不會虧待大家的。」但這多是安慰之語，在一個凸顯自我價值的時代，你不把自己的成績說出來，你再有才、再努力又有誰知道？不要再相信厚積薄發了，借助各種力量「捧」自己，才是使人生「化被動為主動」的學問。

戰國時，齊王受秦國和楚國讒言的欺騙，認為孟嘗君的名望高過他自己，而且在齊國專權，就罷免了孟嘗君的職位。孟嘗君的門客知道這個消息，紛紛散去，只剩馮諼一個人留了下來。

馮諼對孟嘗君說：「請借給我一輛車，讓我到魏國去，我一定讓你重新受到國君的重用，增加封地，你願意嗎？」

孟嘗君於是準備了車子和禮物，派他去魏國。馮諼對魏國梁惠王說：「天下的遊士驅車入魏，都想使魏國強盛，使齊國削弱；而驅車入齊的卻都想使齊國強盛，使魏國削弱。這是因為魏、齊兩國勢不兩立，誰能稱雄誰就能擁有天下。」

梁惠王聽了，單膝跪地請教說：「怎樣才能使魏國稱雄呢？」

馮諼反問道：「大王知道齊國罷免孟嘗君的事嗎？」

秦王答：「知道。」

馮諼說：「輔佐齊國使之在天下舉足輕重，都是孟嘗君的功勞。現在齊王聽信別人的誹謗，罷免孟嘗君。孟嘗君心中怨恨，一定會背叛齊國。如果他能投奔魏國，齊國的人心自然隨之倒向魏國，齊國的國土就在魏王掌握之中了，豈只是稱雄而已？大王應該趕快派使者帶著厚禮，去迎聘孟嘗君，千萬不要錯失良機。否則，如果齊國醒悟過來，再次重用孟嘗君，那麼魏、齊兩國誰能稱雄天下，就未可預料了。」

梁惠王聽了很高興，當即派出十輛車，載著百鎰（量詞。古代計算重量的單位。以二十兩或二十四兩為一鎰。）黃金去齊國迎聘孟嘗君。

馮諼辭別秦王，先行趕回齊國，遊說齊王：「天下的遊士驅車入齊的，都想使齊國強盛，使魏國削弱；驅車入魏的，則想使魏國強盛，使齊國削弱。這是因為齊、魏兩國勢不兩立，一旦魏國強盛，齊國就會因此削弱。現在我聽說魏國派遣專使，帶十輛車，載著黃金百鎰來迎聘孟嘗君。孟嘗君不去魏國就罷了，一旦他去輔佐魏王，天下人都會去歸附他。到那時魏國強盛，齊國削弱，齊國的臨淄、即墨地區就危險了。大王何不在魏國使者到來之前，恢復孟嘗君的職位，增加他的封邑，向他表示道歉呢？這樣做，孟嘗君一定會欣然接受。魏國再強大，又怎麼能強請別國臣子去當丞相呢？」

齊王說：「好！」當即召見孟嘗君，恢復他原來的相國職位和封地，還增加千戶封邑。魏國使者恰好在這時來到齊國，聽聞此事，只好折返。

門客馮諼憑三寸不爛之舌，說服魏王派出十輛車，又載百鎰黃金去迎聘剛剛被齊王解除相國權位的孟嘗君；之後，馮諼又去面見齊王，報告魏王要重用孟嘗君的事情，同時勸說齊王恢復孟嘗君的職位。

這是一種策略，用現代的話說，馮諼必須先把已經下野的孟嘗君在魏王那裡「炒」起來，給齊王施加壓力，讓齊王認識到孟嘗君的價值，這樣，齊王才能再度重用孟嘗君。

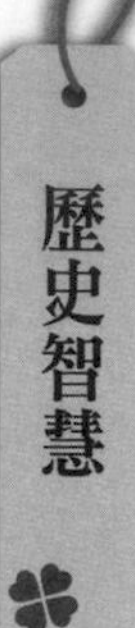

從上面的這則故事，我們可以悟出這樣的道理——適當的「炒作」，在人才競爭的社會裡是有必要的，如果「炒作」得體，將可收事半功倍的效果。不過，更關鍵的地方在於，炒作不能單純自吹自擂，要由馮諼這樣的第三方的角色去操作，才能更加深信賴感，進而達到最佳效果。

毛遂自薦，「秀」出自己

歷代名人的實踐表明，是否善於自我推薦，結果是大不相同的。二十世紀的法國著名作家、音樂評論家羅曼．羅蘭說：「如果有人錯過機會，多半不是機會沒有到來，而是因為等待機會者沒有看見機會到來，而且機會過來時，沒有一伸手就抓住它。」

毛遂在平原君門下已經三年了，一直默默無聞，總得不到施展才能的機會。

有一次，碰上秦國大舉進攻趙國，秦軍將趙國都城邯鄲團團圍住，情況十分危急，趙王只好派平原君趕緊出使楚國，向楚國求救。

平原君去楚國之前，召集他所有的門客商議，決定從這千餘名門客中挑選出二十名能文善武、足智多謀的人隨同前往。他挑來挑去最終只有十九人合乎條件，還差一人卻怎麼挑也總覺得不滿意。

這時，只見毛遂主動站了出來說：「我願隨平原君前往楚國，哪怕是湊個數！」

平原君一看，是平常不曾注意過的毛遂。他不以為然，只是婉轉地說：「你到我門下已經三年了，從未聽到有人在我面前稱讚過你，可見你並無什麼過人之處。一個有才能的人在世上，就好像錐子裝在口袋裡，錐子夠尖很快就會穿破口袋冒出頭。而你一直未能顯示你的本事，我怎麼能夠帶上沒有本事的人，同去楚國行使如此重大的使命呢？」

毛遂並不生氣，他心平氣和地據理力爭：「您說的並不全對。我之所以沒有像錐子從口袋裡鑽出錐尖，是因為我從來就沒有像錐子一樣被放進您的口袋裡呀！如果您早就將我收入口袋，我敢說，我不僅會冒尖，更會像破袋的麥穗子，垂垂纍纍全面展現而出！」

平原君聞言覺得毛遂說得很有道理且氣度不凡，便答應毛遂作為自己的隨從，連夜趕往楚國。

到達楚國，已是早晨。平原君立即拜見楚王，跟他商討出兵救趙一事。然而這次商談很不順利，從早上一直談到了中午，卻仍沒有一絲進展。面對這種情況，隨同前往的眾人只能乾著急，在台下直跺腳、搖頭，埋怨不已。

唯有毛遂，眼看時間不等人，機會不可錯過，只見他一手提劍，大踏步跨到臺上，面對盛氣凌人的楚王，毛遂毫不膽怯。他兩眼逼視著楚王，慷慨陳詞，申明大義，他從趙楚兩國的關係，談到這次救援趙國的意義，對楚王曉之以理、動之以情。

他的凜然正氣使楚王驚歎佩服，他對兩國利害關係的分析深深打動了楚王的心。透過毛遂的勸說，楚王終於被說服了，當天下午便與平原君締結盟約。很快，楚王派軍隊支援趙國，趙國於是解圍。

事後，平原君深感愧疚地說：「毛遂原來真是個了不起的人才啊！他的三寸不爛之舌，真能抵得過百萬大軍！可我以前竟沒發現他。若不是毛先生挺身而出，我可要埋沒一個人才呢！」

另外，清朝的和珅也可謂是自我推薦的高手。和珅雖然家世不佳，但聰明好讀書，史書上說他少貧無籍，為文生員，在官學中讀四書五經。他對漢族文化和歷史有所了解，對中原的地理沿革、風土人情、文壇典故都很留心，而且生性機巧，能說會道，還愛耍些小聰明。

和珅粗通中原文化，這點知識幫了他的大忙。在乾隆帝前當鑾儀衛聽差時，就因讀過四書五經，而受到乾隆帝的喜愛。有一次，和珅在乾隆帝的轎前聽差。乾隆的大駕急於啟程。倉促間找不到黃龍伴蓋。

乾隆帝發了脾氣，問道：「這是誰的過錯？」鑾儀衛的轎夫、侍衛你看我、我看你，不知怎麼回答，也不知該怎麼辦好，這時和珅卻應聲答道：「典守者不得辭其責！」

乾隆看了看這個說話的人，見他長得眉目清秀，儀態俊雅，回答時口齒清楚，語言文雅，對他頗有幾分好感。心想，聽差的行列中，竟有這樣才氣的人。問起來，才知道他是滿洲官學的生員，名叫和珅。

清代從聖祖康熙開始就很重視程朱理學，重視文化教育和思想治人的作用。學堂一律將四書作為必讀教材、科舉考試的經典。此時，乾隆坐在鑾輿中，一邊走著，一邊詢問和珅一些四書中的問題，和珅一一作答。乾隆聽了，十分滿意。從此，乾隆讓和珅總管儀仗隊，不久又升為侍衛。

這官雖然不算大，但很重要，宮中的事務差不多都由他管理。且不評論和珅在歷史上的功過是非，他這種勇於推銷自我的精神是值得我們借鑑的。

在現代競爭激烈的環境中，尤其面對人才市場的千變萬化，一個人要讓自己躋身於人才之林，得到最佳發展空間，就要學習毛遂自薦的精神，充分地展現自己的聰明才智；要顯示出自己的人生價值，就必須主動地自我推銷，這是掌握先機致勝他人的關鍵。

張弛兼具，才能牢牢制人

古人云：「一張一弛，文武之道。」用在馭人方面，只有懂得拿捏收放分寸的人，才能將主動權穩固地握於己身。

劉秀當上東漢開國皇帝後，有一段時間很憂鬱。群臣見皇帝不開心，一時議論紛紛，不明所以。一日，劉秀的寵妃見他有憂，怯生生地進言說：「陛下愁眉不展，臣妾深為焦慮，能否為陛下分憂呢？」

劉秀苦笑一聲，悵然道：「朕憂心國事，你何能分憂？俗話說，治天下當用治天下匠，朕是憂心朝中功臣武將雖多，但治天下匠的文士太少了，這種狀況不改變，怎麼行呢？」

寵妃於是建議說：「天下不乏文人大儒，陛下只要下詔察問、尋訪，終有所獲的。」

劉秀深表同意，於是派人多方訪求，重禮徵聘。不久，卓茂、伏湛等名儒相繼入朝，劉秀這才高興起來。劉秀任命卓茂做太傅，封他為褒德侯，食二千戶的租稅，並賞賜他幾杖車馬，一套衣服、絲綿五百斤。

後來，又讓卓茂的長子卓戎做了太中大夫，次子卓崇任中郎，給事黃門。伏湛是著名的儒生和西漢的舊臣，劉秀任命他為尚書，讓他掌管制定朝廷的制度。

卓茂和伏湛深感劉秀的大恩，他們曾對劉秀推辭說：「我們不過是一介書生，為漢室的建立未立寸功，陛下這般重用我們，只怕功臣勳將不服，於陛下不利。為了朝廷的大計，陛下還是降低我們的官位為好，我們無論身任何職，都會為陛下誓死效命的。」

劉秀要他們放心任事，心裡卻也思慮如何說服功臣朝眾，他心意已決，便對朝中的功臣們言：「你們為國家立下大功，朕無論何時都會記掛在心。不過，治理國家和打天下不同了，朕任用一些儒士參與治國，這也是形勢使然啊，望你們不要誤會。」

儘管如此，一些功臣還是對劉秀任用儒士不滿，他們有的上書給劉秀，開宗明義便表達了自己的反對之意，奏章中說：「臣等捨生忘死追隨陛下征戰，雖不為求名求利，卻也不忍見陛下被腐儒愚弄。儒士貪生怕死，只會攪動唇舌，陛下若是聽信了他們的花言巧語，又有何助呢？儒士向來缺少忠心，萬一他們弄權生事，就是大患。臣等一片忠心，雖讀書不多，但忠心可靠，陛下不可輕易放棄啊。」

劉秀見功臣言辭激烈，於是更加重視起來，他把功臣召集到一處，耐心對他們說：「事關國家大事，朕自有明斷，非他人可以改變。在此，朕是不會人云亦云的。你們勞苦功高，但也要明白『功成身退』的道理，如一味地恃功自傲，不知滿足，不僅不利於國，對你們也全無好處。何況人生在世，若能富貴無憂，當是大樂了，為什麼總要貪戀權勢呢？望你們三思。」

劉秀當皇帝的第二年，就開始逐漸對功臣封侯。封侯地位尊崇，但劉秀很少授予他們實權。有實權的，劉秀也漸漸壓抑他們的權力，進而奪去他們的權力。

大將軍鄧禹被封為梁侯，他又擔任了掌握朝政的大司徒一職。

劉秀有次對鄧禹說：「自古功臣多無善終，朕不想這樣。你智勇雙全，當最知朕的苦心啊！」

鄧禹深受觸動，卻一時未做任何表示。他私下對家人說：「皇上對功臣是不放心啊，難得皇上能敞開心扉，皇上還是真心愛護我們的。」

鄧禹的家人勸鄧禹交出權力，鄧禹卻搖頭說：「皇上對我直言，當還有深意，皇上或許是要我說服別人，免得讓皇上為難。」

鄧禹於是對不滿的功臣一一勸解，讓他們理解劉秀的苦衷。當功臣們情緒平復下來之後，鄧禹再次覲見劉秀說：「臣為眾將之首，官位最顯，臣自請陛下免去臣的大司徒之職，這樣，他人就不會坐等觀望了。」

劉秀嘉勉了鄧禹，立刻讓伏湛取代鄧禹做了大司徒。其他功臣於是再無怨言，紛紛辭去官位。他們告退後，劉秀讓他們養尊處優，極盡優待，避免了功臣干預朝政的事發生。

放縱是有條件的，在某些方面，該放的就要放；而在另一方面，該收的也一定要收。收放適宜，才能把人牢牢箝制。功臣在歷史上作用是巨大的，但若功臣走向反面，他們的影響力和破壞力也很驚人。對待他們，能採取不降低社會地位的方式，以示榮寵，但削減其實權，就可防患於未然了。在要害處只收不放，這便是放縱的首要前提。

摸透底細，該出手時再出手

成大事不僅要有謀略，還要有在關鍵時刻隨機應變、果斷行事的能力。如果再加上出其不意、攻其不備的策略，一定能把難事辦成、辦好。

西漢宣帝時，趙廣漢官任京兆尹，是為首都長安的父母官。

趙廣漢剛上任時，趨炎附勢之輩爭相拜訪他，趙廣漢卻一個也不見。他命人傳話說：「我職責重大，若與你們私下交結來往，他日恐有流言傳出，於你於我都不利。我辦事向來不徇私情，在我這誰也得不到半點好處和關照，你們又何苦呢？」

趙廣漢拒絕來人獻媚拉攏，卻與下屬、百姓打成一片，毫無官架子，有時興致一來，甚至與他們談個通宵達旦。

在與他人的交談過程中，趙廣漢漸漸總結出了探知實情的方法——「鉤距法」。這種方法講究調查，注重對比推算，結果往往十分準確。

趙廣漢曾對人說：「我想知道馬的價格，便用「鉤距法」行事。我先問狗的價格，再問羊價、牛價，最後才問馬價。這樣層層驗證，一番比較計算後，我自然就知道馬價是高是低了，善用此法，一般不會有什麼大的差錯。」

趙廣漢的好友對他的「鉤距法」不感興趣，有次對他說：「我們在朝為官，自然不屑和商販討價還價，你鑽研這種學問，又有什麼用處呢？」

趙廣漢推心置腹地說：「為官者若不熟悉民情，洞察一切，又何能造福一方、保一方平安呢？『鉤距法』不僅可以用來了解市場行情，用於政務，也能讓我知己知彼，對症下藥。倘若我偏聽偏信，真不知要有多少錯案發生，那真正的害群之馬就要逃脫懲罰了。」

趙廣漢上任時，長安的治安形勢一度混亂，百姓受害的事時有發生，官匪勾結十分猖獗。面對嚴峻的狀況，趙廣漢召集心腹屬下說：「我初上任，並不熟悉此中內情，想打擊犯罪，也不知從何下手。何況情況不明，亂下重手只會引起混亂，我想請你們暗中偵察，把盜賊的蹤跡摸清楚。」

心腹屬下面有難色，說道：「盜賊行蹤詭祕，出入不定，在此用力難出成效。從前官員都是有事打壓，無事清閒，大人何必自討苦吃呢？」

趙廣漢一臉肅穆鄭重道：「盜賊不絕，根源乃在，從前官員不盡職所致。我志在剷除盜賊，自然不能和從前官員一樣無為了，這是我的命令，違者必懲！」

於是趙廣漢命人暗中詳查，表面上故作輕鬆，看似沒有戒備，盜賊們以為趙廣漢碌碌無為，於是鬆懈放心，放膽胡為。一時之間，盜賊蜂擁而出，長安形勢更壞。

朝中大臣上奏指責趙廣漢失職，怒道：「京城盜賊橫行，京兆尹趙廣漢卻放縱不管，不知他是何居心？趙廣漢必定與盜賊勾結，望陛下徹底肅查。」

漢宣帝為此也怒氣沖沖地質問趙廣漢說：「朕深居宮中，都聽說了宮外盜賊橫行之事，你說，要怎麼交待？」

趙廣漢不停叩首，連聲說：「陛下不要擔心，請讓臣把話說完。」

他鎮定地說道：「京城重地，盜賊勢必得徹底剷滅，這是臣決心要做到的事。無奈賊情不明，輕舉妄動便會打草驚蛇，這也是臣最擔心的。」

「因此臣故意裝作不聞不問，只是想讓盜賊悉數暴露，以便臣的屬下全然摸清盜賊的狀況，查清他們肇事的根源，以及那些和他們勾結的差吏收取了多少賄賂。只有將這些情況都搞得明明白白，才能將他們一網打盡，讓他們無法抵賴。」

「陛下放心，臣已廣布人手，偵知此事，用不了多長時間，便是盜賊的末日了。」

漢宣帝聽罷，不再責怪趙廣漢，他不無擔心地說：「朕暫且相信你一次，望你好好把握時機吧。」

過了不久，已經全然掌握賊情的趙廣漢四面出擊，每擊必中，長安城的盜賊終於被肅之一空了。

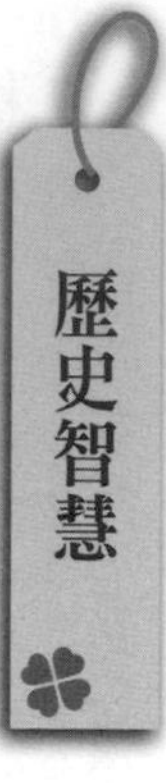

把對手的底細摸透，瞭若指掌，始終是戰勝對手的一個重要前提。平日一個人的實際狀況是不會輕易顯現的，這需要的是耐心細緻的調查和取證才能清明，因此，不好好下工夫是不行的，沒有捷徑可走。

沒有底牌可打的對手是最脆弱的，只在他們的要害輕輕一擊，就足以致命。弄清對手的虛實，便能掌握其動態，搶在他們之前出手，被動的就不會是自己。

控制強者，確保政局穩定

只要讓人精神恐懼，任何人都會屈服。恐懼是人類誕生之初即伴隨而來的基本情緒之一，它能挽救我們的性命，但同時也會擾亂理性的思考，使人裹足不前，讓本該有條不紊的行動變得一團糟。

唐玄宗靠政變取得政權，他先後誅滅韋黨和太平公主，因此當上皇帝後也很不安心。

宰相姚崇一日和玄宗閒談，說起內患之事，姚崇歎息說：「我朝屢有內亂，實由人心散亂、不懼皇威所致。陛下若不整治人心，使人不敢心起妄念，朝廷很難長治久安啊。」

玄宗點頭說：「內亂叢生，致使大唐危機重重，朕定要設法根絕。依你之見，朕該怎麼做？」

姚崇進言說：「防患於未然，必須早作預見，懲人於未動之時。即使小題大作，也要造成震懾他人的效果，使人不起異念，自斂謹慎。這就需要陛下割捨情感，痛下重手了。」

玄宗示意明瞭，微微一笑。

不久，玄宗在驪山閱兵式上，以軍容不整為由，判功臣兵部尚書郭元振死罪。驚駭萬分的大臣中有人進諫說：「郭元振是當世名將，有勇有謀，他不僅屢立戰功，更在誅滅太平公主過程中功不可沒。如此功臣如今犯小過錯，陛下不念舊情就治他死罪，懲罰太重了，也有損陛下賢德之名。」

玄宗厲聲痛斥進諫之人說：「功臣犯法，難道就可以不問嗎？有功必賞，有罪必懲，此乃治國之道，朕大公無私，本無錯處，你們竟替罪臣求情責朕，莫非你們要造反不成？」

玄宗這般嚴厲斥責，嚇得群臣再也不敢說話。最後，玄宗雖然赦免了郭元振的死罪，還是把他流放新州。

宰相劉幽求也是大功臣，他一貫和武黨抗爭。除滅韋黨和太平公主的過程中，他也參與謀劃，功勞不小。玄宗因為一件小事就將他罷相，還告訴他說：「百官之首當為百官作則，故朕對你要求甚嚴，也是正常之舉。」

劉幽求對此十分不滿，背後常發牢騷說：「皇上現在不念恩義，判若二人，他不該如此待我啊。我為他出生入死，誰知卻落得如此下場！」

玄宗聽到劉幽求的牢騷，他馬上又下旨把他貶到睦州當刺史，他還對群臣激憤地說：「天下多亂，朕當嚴治臣子，此朕的職責所在。劉幽求以功勞和朕對抗，口出不遜，這便是大罪。朕若徇私枉法，反讓人有了造反的口實，朕怎會做這樣的蠢事呢？」

不久，劉幽求怨憤而死。群臣見玄宗對功臣都如此心狠無情，一時都惶恐不安，不敢犯一點小錯。

一次，同為朝廷功臣的鍾紹京在面見玄宗時，無故竟被玄宗訓斥說：「你身為朝廷戶部尚書，議事之時卻不發一言，是否失職？難道你不顧朝廷安危，準備明哲保身嗎？」鍾紹京臉色慘變，直呼有罪。

事後，姚崇有些不忍，他對玄宗說：「陛下重治功臣之罪，已讓人心震駭，陛下的目的已然達到。鍾紹京無端被責，臣以為過於唐突，其實不必如此。」

玄宗調笑說：「朕依照你的辦法，才有這樣的舉動，你不該出言反對吧？」

姚崇又準備說什麼，玄宗卻擺手阻止了他，苦笑說：「朕也不想這樣啊。不過朕也想過，這些功臣都幾經政變，實在是政變的行家熟手，如果不把他們懾服，誰保他們日後不變心呢？朕折辱他們，也是讓群臣心悸，只思自保。朕縱是背上無情之名，也心甘了。」

後來玄宗把鍾紹京降為太子詹事，後又將他貶為綿州刺史，不久又將他貶為琰州尉。

接下來，功臣王琚、魏知古、崔日用一一被貶，朝中再也無人敢以功臣自居。群臣整日戰戰兢兢，玄宗這才罷手。

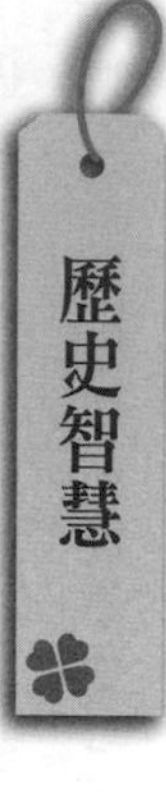

人的精神一倒，其意志和雄心便會隨之土崩瓦解。再剛強和難制的人，也抵禦不了精神的打擊；抓住了這一攻擊點，也就是掌握了人最薄弱的環節。

製造精神緊張首先要製造恐怖氣氛，在人人自危的環境下，人們總是本能地加倍小心。了解別人的內心想法，也是必不可少的，如果把別人的潛在意圖都一一點明，任誰都會心驚肉跳，而不敢輕舉妄動了。

遇事不亂，主動出擊

研究顯示，有張有弛的壓力是工作中成功的關鍵所在。而管理自己的情緒並且在壓力下保持冷靜的能力，直接關係到績效表現。遇事冷靜，不自亂陣腳，才能把處理事情的節奏牢牢控制在自己的手中。

宋太宗趙匡義病重時，確立第三子趙恆為皇太子。當時，呂端為宰相，他為人識大體，深得太宗賞識。後來，他將相位讓給了寇準。

太宗駕崩後，圍繞誰來繼位的問題，朝廷出現了不同意見。皇太子趙恆已二十九歲，聰明能幹，處斷有方，但他是太宗的第三子，即位資格存在爭議。

其他王子都有各自的支持者，由於忌妒趙恆在太宗病危之際被任命為太子，多不願接受此一事實。情況危急，呂端決心遵照先帝意旨，擁立趙恆即位。當然，他也對宮中的一些情況進行了一番細心觀察。

太宗駕崩、舉國祭喪之時，太監王繼恩、參知政事李昌齡、殿前都指揮使李繼動、知制誥胡旦等人便暗地密謀，試圖阻止趙恆即位，另立楚王趙元佐。

呂端對皇子即位之事有所警惕，但並不清楚具體情況。李皇后本來也不同意趙恆即位，所以，當李皇后命王繼恩傳話召見呂端時，呂端心頭一怔，便知大事有變，可能發生不測。

想到此，呂端決定了解情況，爭取主動。他一面答應去見皇后，一面又將王繼恩鎖在內閣，阻止他與人來往交流，並派人看守，防止被人劫持逃走。之後，呂端才畢恭畢敬地前往覲見皇后。李皇后對呂端說：「太宗已晏駕，按理應立長子為繼承人，這才是順應天意，你以為如何？」

呂端正色回答：「先帝立趙恆為皇太子，正是為了今天。如今，太宗剛剛晏駕，屍骨未寒，我們哪能違背先帝遺詔另有所立？請皇后三思。」

李皇后思慮再三，覺得呂端講得有道理。況且眾大臣大都在竭力擁立趙恆皇太子，李皇后也不好過分違拗，最終同意了呂端的意見，由皇太子趙恆繼承皇位，統領大宋江山。

真宗即位之前，呂端仍不放心，擔心偷樑換柱的事情發生。趙恆即位時，垂簾引見群臣。群臣跪拜堂前，齊呼萬歲，唯獨呂端平立於殿下不拜。眾人驚問其故。

呂端說：「皇太子即位，原本光明正大，為何垂簾側坐、遮遮掩掩？」他請求皇帝捲起簾帷，走上大殿。經由正面仔細觀望，知確實是太子趙恆，呂端走下臺階，率群臣拜呼萬歲。至此，擁立太子即位一事中，呂端才真正放下心來。趙恆自此開始執政，在位二十五年。

歷史智慧

呂端做事聰明之處在於他遇事不亂，在堅持原則的同時，還能把事情的節奏控制在手中。他為防止王繼恩四處串通人員散布謠言，就把王繼恩鎖起來；為消解太后對趙恆即位一事的阻撓，他以先皇遺詔據理力爭。經過多方努力，呂端終於成功化解了這場宮廷危機。

先聲奪人，反客為主

活著有時就是一種對抗，如果你不想被對方壓倒，那你就得先聲奪人、反客為主，只有時刻占據上風才能贏。

《三國演義》中講到，曹操率領大軍南征，劉備敗退，無力反擊，大有坐以待斃之勢。以劉備單獨的力量，絕對無法與曹操的勢力抗衡，解決的辦法只有一個，就是與江東的孫權聯手。

此時，諸葛亮主動請纓出使江東做說客。他並不像一般人那樣低聲下氣地求孫權，卻採用「反客為主」的方法，表現出一種強硬的態度，激發起了孫權的自尊心。

當時，東吳孫權自恃擁有江東全土和十萬精兵，又有長江天塹作為天然屏障，大有坐觀江北各路諸侯惡鬥的態勢。他斷定諸葛亮此來是為了說服自己聯蜀抗曹，因此擺出一種居高臨下的姿態等待著諸葛亮的哀求。

不想諸葛亮見到孫權，開門見山地說道：「現在正值天下大亂之際，將軍你舉兵江東，我主劉備募兵漢南，與曹操爭奪天下。」

「但是，曹操現在正進軍荊州，名震天下，各路英雄盡被他網羅，造成我主劉備今日之敗退。將軍你是否也要權衡自己的力量，以處置目前的情勢？如果貴國的軍勢足以與曹軍相抗衡，則應儘快與曹軍斷交才好。」

諸葛亮隻字不提聯吳抗曹之事，他知道孫權絕不會輕易投降，屈居曹操之下。

聽完諸葛亮一席話，孫權雖然不高興，但也不露聲色地反問道：「照你的說法，劉備為何不向曹操投降呢？」。

諸葛亮針對孫權的質問，答道：「你知道齊王田橫的故事嗎？他忠義可嘉，為了不服侍二主，在漢高祖招降時不願稱臣而自我了斷，更何況我主乃堂堂漢室之後。欽慕我主的英邁資質，而投到他旗下的優秀人才不計其數。不論事成與不成，都只能說是天意，怎麼能向曹賊投降？」

諸葛亮的一席話打動了孫權，他決定和劉備聯手。但面對著曹操八十萬大軍的勢力，他心裡還存在不少疑惑——諸葛亮看出這一點，進一步採用分析事實的方法說服孫權。

「曹操大軍長途遠征，這是兵家大忌。他為追趕我軍，輕騎兵一夜急行三百餘里，已是強弩之末。且曹軍多屬北方人，不習水性，不慣水戰。再說，荊州新失，城中百姓為曹操所脅，絕不會心悅誠服。現在如果將軍的精兵能和我們並肩作戰，定能打敗曹軍。曹軍北退，自然形成三分天下的局面，這是難得的機會。」

於是，孫權同意了諸葛亮提出的孫劉聯手抗曹主張，這才有了後來舉世聞名的赤壁之戰。

諸葛亮實不愧為求人高手。

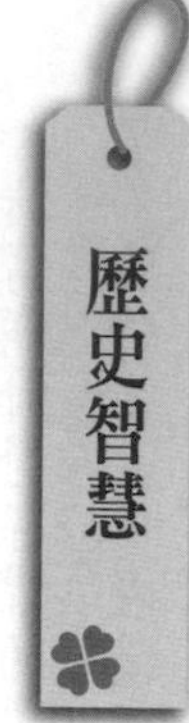

人總是欺軟怕硬的，遇到弱小的一方總喜歡以強欺弱，非得把對方逼到無路可退的境地不可。這是人的一種劣根性。

如果你居於弱勢地位，當對方不肯輕易接受你的意見，甚至擺出一種居高臨下的姿態時，你不妨一上來就以對方擔心的事情「恐嚇」壓制住對方，從而讓對方屈從和改變主意，你便可反客為主，占據主動地位。

出其不意，攻其不備

成大事不僅要有謀略，還要有在關鍵時刻隨機應變、果斷行事的能力。如果再加上出其不意、攻其不備的策略，一定能把難事辦成、辦好。

在中國歷史上，善於抓住機會成就大事的人物數不勝數。

在《三國演義》中，司馬懿智擒孟達，就採取了出其不意、攻其不備的高明戰略抉擇。

自從諸葛亮兵出祁山，連戰連捷，所向披靡，魏主曹叡不得不「御駕親征」，率軍前往長安，抗拒蜀軍。當時，出任新城太守的是原蜀軍降將孟達。乘曹魏後方空虛之際，孟達決定舉兵謀反，企圖直取洛陽，再歸降諸葛亮。

孟達此舉若能成功，必將會與諸葛亮形成對曹魏前後夾擊的戰略攻勢，陷曹魏於完全不利的境地。

孟達謀反的消息被即將去往長安的司馬懿偵知。在這危急時刻，他當機立斷，一面令大軍日夜兼程向新城進發，並傳令「一日要行二日之路，如遲立斬」；一面派參軍梁畿齎快馬加鞭，先一步趕到新城，「教孟達等準備征進，使其不疑」，並製造出司馬懿大軍已「離開宛城，往長安去了」的假象。

孟達果然中計。幾天之後，司馬懿所率大軍突然出現在新城城下，以迅雷不及掩耳之勢，一舉平定了這場預謀的叛亂。

要想實現出其不意、攻其不備的策略，首先必須想方設法隱蔽作戰企圖。襲擊孟達一戰，司馬懿在這方面處理得十分漂亮。當他得到孟達企圖謀反的消息後，採取了一系列欺敵的手段，使孟達疏於戒備，為實現戰鬥的突然性創造了條件。

如果想為突襲行動爭取到極為寶貴的時間，就必須做到根據敵情果斷靈活地進行指揮。但對一支軍隊來說，神速並不單單表現在部隊的行動能力上，更重要的還體現在領導者當機立斷的決策水準上。

當時司馬懿剛剛被起用，按照規矩，採取如此重大的軍事行動，必須「寫表申奏天子」，待奏准後才可行事。孟達也正是這樣判斷，他認為「若司馬懿聞達舉事，須表奏魏主」，來回要費去一個多月時間，這可以使自己從容地做好迎敵準備。

但聰明的司馬懿並沒有死守教條，在事關安危的決策問題上，他敢於先斬後奏，毅然採取了果斷的行動。結果，原先企圖乘虛直襲洛陽的孟達，反被司馬懿這一記突襲打得暈頭轉向。

這一仗，真可謂是以快制快、先機破敵的典型戰例，充分體現出在關鍵時刻，成大事者隨機應變、決斷行事的超強能力。

歷史智慧

要想達到攻其不備的效果，就得有當機立斷的精神，善於觀察事態，採取果斷措施，猶豫不決只會一事無成。

瞞天過海，造就不透風的牆

《圍爐夜話》中指出：「為人循矩度而不見精神，則登場之傀儡也；做事守章程而不知權變，則依樣之葫蘆也。」精通謀略的人，總是能夠積極動腦，瞞天過海，善用「欺敵」之舉，無往而不利。

《三十六計》裡面有這樣一句話：「備周則意怠，常見則不疑。」說的就是把其他資訊偽裝成此類資訊迷惑敵軍，讓對方對己方的行為不敏感，達到單方面了解全部資訊而對手毫不知情的效果。

戰國時期孫臏就曾成功地使用過「添兵減灶」的謀略。

有一次，魏國攻打趙國，趙國向齊國告急。齊王派田忌率領軍隊前去救援。田忌採用孫臏之計，圍魏救趙，直接進軍大樑。

魏將龐涓聽到這個消息，率師撤離趙國回魏，而齊軍已經越過邊界向西挺進了。當時齊國的軍師孫臏對田忌說：「那魏軍向來兇悍勇猛，看不起齊兵，齊兵被認為膽小怯懦。善於指揮作戰的將領，就要順應這樣的趨勢而加以利用。

兵法上說：「用急行軍每天跑百里和敵人爭利的，有可能折損上將軍；用急行軍每天跑五十里和敵人爭利的，可能有一半士兵掉隊。」

命令軍隊進入魏境後，先砌十萬人做飯的灶，第二天砌五萬人做飯的灶，第三天砌三萬人做飯的灶。「

龐涓行軍三日，看到齊國軍隊中的灶越來越少，特別高興地說：「我本來就知道齊軍膽小怯懦，進入我國境才三天，逃跑的就超過了半數啊！」於是他放棄了步兵，只和他輕裝精銳的部隊日夜兼程地追擊齊軍。

孫臏估計他的行程當晚可以趕到馬陵。馬陵的道路狹窄，兩旁多是峻隘險阻，適合埋伏軍隊。

孫臏命人砍去樹皮，露出白木，寫上：「龐涓死於此樹之下。」然後又命令一萬名善於射箭的士兵隱伏在馬陵道兩邊，約定晚上看見樹下火光亮起，就萬箭齊發。

龐涓當晚果然趕到樹下，看見樹上寫著字，卻無法看清楚，就點火來讀。上面的字還沒讀完，齊軍伏兵當下萬箭齊發，魏軍大亂。龐涓自知無計可施，敗局已定，懊惱中拔劍自刎。齊軍乘勝追擊，徹底擊潰魏軍，俘虜了魏國太子申。孫臏也因此名揚天下。

孫臏就是利用魏國人認知中「齊國軍隊膽小怯懦」的常識做文章，在維持軍隊數量的情況下，減少軍營中的灶來麻痺對手視聽，讓己方的軍事實力超過對方，然後進行伏擊。

而魏國的將軍龐涓之所以失敗，就在於他過於相信自己所了解的常識。也正是孫臏技高一籌，最終把魏國軍隊殺得片甲不留。

這種蒙蔽對手的做法，也適用於防守和撤退。在《三國演義》中，就有一個諸葛亮撤兵添灶的故事。

諸葛亮得勝收兵，返回祁山時，永安城李嚴遣都尉苟安解送糧米至軍中交割。苟安好酒，路上延誤，超過限期十日才到營寨。諸葛亮按照軍法，對他杖責八十。

苟安受刑之後心中懷恨，連夜引親隨五六騎徑奔魏寨投降。司馬懿吩咐他回成都散布流言，說諸葛亮有怨上之意，早晚會僭位稱帝，以便後主劉禪召回諸葛亮。

苟安按照司馬懿的計策，回成都見了宦官，散布流言說諸葛亮自恃功大，早晚必將篡國。宦官聞知後，馬上奏稟給後主。後主下詔，宣諸葛亮班師回朝。使者星夜召諸葛亮回師，諸葛亮雖然知道這是敵軍所用的離間計策，卻也無可奈何，只得仰天長歎：「主上年幼，必有佞臣在側！我正欲建功，何故取回？我如不回，是欺主。若奉命而退，日後再難得這種機會了。」於是只能安排撤軍事宜。

《三國演義》裡面對諸葛亮安排撤軍的計策進行了詳細記述。

姜維問道：「若大軍退，司馬懿乘勢掩殺，該怎麼辦？」諸葛亮說：「我們現在退軍，可分五路而退。今日先退此營，假如營內一千兵，卻掘二千灶，明日掘三千灶，後日掘四千灶……每日退軍，添灶而行。」

楊儀說：「昔孫臏擒龐涓，用添兵減灶之法而取勝；今丞相退兵，為什麼增灶？」諸葛亮說：「司馬懿善於用兵，知我軍退，必然追趕；心中擔心吾有伏兵，一定會在舊營內數灶；見每日增灶，兵又不知退與不退，就會疑慮而不敢追。吾慢慢地退兵，自無損兵之患。」於是傳令退軍。

司馬懿只等著蜀兵退時，一齊掩殺。正躊躇間，忽聽說蜀寨空虛，人馬皆去。懿因諸葛亮多謀，不敢輕追，自引百餘騎前來蜀營內踏看，教軍士數灶，仍回本寨。

第二日，又教軍士趕到那個營內，查點灶數。回報說：「這營內之灶，比前又增一分。」「司馬懿謂諸將曰：「吾料諸葛亮多謀，今果添兵增灶，吾若追之，必中其計；不如且退，再作計較。」於是回軍不追。諸葛亮不折一人，望成都而去。

此後，川口的土著居民來報司馬懿，說諸葛亮退兵之時，未見添兵，只見增灶。懿仰天長歎曰：「諸葛亮效虞詡之法，瞞過吾也！其謀略吾不如之！」遂引大軍還洛陽。

在這裡，諸葛亮使用相反的方式，減兵添灶，騙過司馬懿，得以全軍退回漢中，使「蜀兵不曾折了一人」。這是因為他知道司馬懿平生十分多疑，故布疑陣，讓司馬懿畏首畏尾，錯失了戰機，而他卻能從容地調動軍隊順利撤回。

歷史智慧

世上沒有不透風的牆，任何事情都有洩露的一天。那麼，如何做好保密工作，就是一個重要的問題。

單純的保密，不如讓對手替自己保密。想辦法讓對手不再對己方的某些資訊敏感，那麼，只要在對手不敏感的地方做好偽裝，就可以瞞天過海，達到自己的目的了。

開外掛人生的歷史智慧

在日常生活中求人辦事，也需要掌控主動。其中，可能有比較和善的人會對你善意地微笑，也可能會有比較難纏的人，故意刁難你。無論怎樣，你必須好言好語、笑臉相陪。原因很簡單，你在求他為你辦事，你所有的目的就是最終要把事情辦成。在這個過程中，你可以說是在忍辱負重。

有些人臉皮太薄、自尊心太強，只要略一受阻就再不回頭，甚至與對方爭吵鬧翻，這是心理素質過於脆弱的表現。只顧面子而不想結果的人，很難辦成事情，對事業的發展更是不利。

在求人辦事的過程中，首先要拿出主動去「纏」對方的精神，軟硬手段一齊上，不達目的，誓不甘休，一步步緊逼而來。在心理上占據主動的優勢地位，這樣，就能進一步遊說了。

第二章

人和為貴，切莫輕忽魔鬼細節

　　一位哲人說過：「人生其實是一則膾炙人口的寓言，其中隱藏著豐富的哲理，值得每一個人細細咀嚼、慢慢回味。」

　　一個能從人生中學得生存方略的人，必定是一個力量無窮的人。

謹小慎微，提防小人作怪

幾乎在每個時代，都會有「小人」生長的土壤。「小人」就像一個隨時會出現的幽靈，在我們生活的空間裡不絕如縷。提防小人非常重要，稍有不慎，就可能給自己帶來損害。

唐朝的楊炎和盧杞兩人同任宰相。楊炎善於理財，文才也好。而盧杞除了巧言善辯之外，別無所長。他嫉賢妒能，使壞主意害人是拿手好戲。兩個人在外表上也有很大不同，楊炎是個美髯公，儀表堂堂；盧杞臉上有大片藍色痣斑，相貌奇醜，形容猥瑣。

同在政事堂辦公，他們一起吃飯。楊炎不願與盧杞同桌吃飯，經常找藉口在別處單獨用餐。有人趁機對盧杞挑撥說：「楊大人看不起你，不願跟你在一起吃飯。」盧杞聽信懷恨在心。他先開始挑剔楊炎下屬官員過錯，並上奏皇帝。楊炎為此憤憤不平，說道：「我的手下人有什麼過錯，自有我來處理，如果我不處理，可以一起商量，何須瞞著我暗中向皇帝打小報告？」

兩個人的隔閡越來越深，總是針鋒相對，常常是你提出一條什麼建議，我偏偏反對；你要推薦一些人，我就推薦另一些人。

當時，有一個藩鎮割據勢力梁崇義發動叛亂，德宗皇帝命令另一名藩鎮李希烈去討伐。楊炎覺得不妥：「李希烈這個人，殺害了自己十分信任的養父而奪其職，為人兇狠無情，沒有功勞卻傲視朝廷，不守法度，若是在平定梁崇義時立了功，以後更難以控制了。」

然而德宗已經下定了決心，對楊炎說：「這件事你就不要管了！」楊炎不從，一再表示反對，這使對他早就不滿的皇帝更加生氣。

不巧李希烈因連日大雨，一直沒有出兵。

盧杞知道這是扳倒楊炎的好時機，便對德宗皇帝說：「李希烈之所以拖延不肯出兵，正是因為聽說楊炎反對他的緣故，陛下何必為了保全楊炎的面子而影響平定叛軍的大事呢？不如暫時免去楊炎宰相的職位，讓李希烈放心，等到叛軍平定以後，再重新起用他，想必也沒有什麼關係！」

這番話聽起來完全是在為朝廷考慮，也沒有一句傷害楊炎的話，盧杞排擠人的手段就是這麼高明。德宗皇帝果然信以為真，於是免去了楊炎宰相的職務。

從此盧杞獨掌大權，楊炎自然就在他的掌握之中。他當然不會讓楊炎東山再起，便故意找碴整治楊炎。楊炎在長安曲江池邊為祖先建了座祠廟，盧杞便誣奏說：「那塊地方有帝王之氣，早在玄宗時，宰相蕭嵩曾在那裡建立過家廟，玄宗皇帝不同意，令他遷走。現在楊炎又在那裡建家廟，必定懷有篡位的野心！」聽信讒言早就想除掉楊炎的德宗皇帝便以盧杞這番話為藉口，先將楊炎貶至崖州，隨即將他殺死。

楊炎剛愎自用，把對盧杞的蔑視表現在明處，最終被盧杞所害，值得警戒啊。

相較之下，郭子儀則比較謹慎。他每次會見客人的時候，常有很多侍女陪伴在左右。但是，只要一聽說盧杞來到，郭子儀就會命令侍女全部迴避。他的兒子們不明白原因，郭子儀答：「盧杞的容貌醜陋，婦人見了沒有不笑的。我若不叫侍女迴避，她們肯定不免笑出聲來，盧杞心胸狹窄，肯定會記恨在心。將來如果他得志，我們全家人就都活不成了。」

正是因為郭子儀謹小慎微，最終才沒有為小人所害。

歷史智慧

的確，小人的危害不可小覷。他們處於生活的暗處，卻能給人致命的一擊。小人的一大特色便是表面一派和氣，暗地裡卻包藏殺機和禍心。俗語說寧可得罪君子也不能得罪小人，原因在於此。所謂「明槍易擋，暗箭難防」，對於小人，最明智的做法是敬而遠之。表面上表示「敬」，心裡卻要選擇「遠」。對於這一潛規則，我們在交際中尤其要注意領會。

螳螂捕蟬，黃雀在後

人常常在取得某個階段的勝利之後便會得意忘形，不思進取，殊不知這種安逸意識的背後，隱藏著危險的因素。

春秋時吳越之戰，越國戰敗，越王勾踐被俘淪為階下囚。但吳王夫差是個胸無玄機、智力平庸的人。他拒絕聽從謀臣伍子胥的忠告，而被諂媚、賄賂所惑，把自己的宿敵越王勾踐釋放回國。

越王回國後，馬上把越國最漂亮的女子西施進獻給夫差。夫差得到西施後，整天沉溺於酒色當中，日甚一日。每逢西施胃病發作、手撫胸前的時候，那種病態美讓夫差銷魂落魄，一切軍國大事都拋在九霄雲外。對外，夫差貪圖武功，北伐齊國，忠言勸諫的伍子胥被他責令自殺。夫差的種種行為使太子友深感憂慮。為了讓父王回心轉意，他決心設計使夫差覺悟。

一天，太子友手拿彈弓，渾身透濕，一副狼狽不堪的樣子，跑來見夫差。吳王見狀非常驚詫，急忙詢問原因。太子友說：「清晨我到後花園，聽秋蟬在樹枝上得意地鳴叫，正當蟬鳴高興的時候，一隻螳螂卻聚精會神地拉開架式，準備捕捉秋蟬。而此時，螳螂壓根也沒想到，一隻機靈的黃雀正在林中徘徊，牠屏心靜氣，輕巧極了，兩隻閃亮的眼睛一刻也沒有離開螳螂。黃雀專心致志地想吃到螳螂，正好我在一旁，馬上拉開彈弓，集中精力瞄準。因為只顧黃雀，沒提防腳下，結果一下子跌到大水坑裡，弄成現在這副樣子。」

夫差聽完太子友的敘述，似有所悟，他說：「看來這是因為你貪圖近利，不思後患，瞻前而不顧後是天下最愚蠢的行為。」

太子友連忙接住吳王的話說：「天下最愚蠢的事，恐怕沒有比這更厲害的吧？當初齊國無緣無故地去攻打魯國，集中軍隊傾巢而出，自以為可以佔有魯國，沒想到我們吳國正動員所有兵力，長途遠征齊國，齊軍慘敗。眼看吳國可以吞併齊國了，豈料越國正在整頓軍隊，挑選那些願戰死沙場的勇士，由三江殺入五湖，揮師北上，一心要搗毀我們吳國，報當年越王受辱之仇。」

聽到此處，吳王全明白了，太子友所講「螳螂捕蟬，黃雀在後」的故事，是規諫他打消北上伐齊的念頭。但吳王哪裡再能聽進半句，大怒道：「這全都是伍子胥的那一套，妄想阻撓我的計畫，伍子胥已經自殺，你再多嘴，我就廢掉你！」太子友悻悻然地退了出去。

果然，幾年之後，吳王夫差為了揚盟主之威，率領大軍北上遠征。可是，由於大隊人馬連續二十天的急行軍已經疲憊不堪，成強弩之末之勢，根本不能再戰了。

而此時，那位耐力極強的越王勾踐，不再忍耐，抓住這一最佳時機，向吳國發動突襲。夫差本土危急，趕忙回軍救援，結果，被以逸待勞的越軍包圍，吳軍不堪一擊，一戰即敗。最終，吳國都城淪陷，吳王無路可逃，只好自殺。

也許，吳王死前才後悔，不該不聽伍子胥的規諫，而命他自殺；也才真正理解了太子友所講的故事。所以臨死之際，他用布把自己的臉蒙了起來，表示他在九泉之下無臉再見伍子胥了。只可惜，悔之晚矣！

越國滅掉吳國，正是螳螂捕蟬，不知黃雀在後，其結果是黃雀吃了螳螂。現實中，為了生存和發展，許多人互相敵對、聯合、滲透，形成一種複雜的關係網。處在這個關係上的個體和組織互相牽制。如「蟬」之背後有「螳螂」，「螳螂」之後又有「黃雀」的格局。特別是在追求利益的時候，一定要辨明各種利害關係，識別其中潛伏的危機，注意首尾兼顧。不要做秋蟬，也不要做螳螂，哪怕你是黃雀，還要看看身邊有沒有藏躲著的彈弓手呢！

破釜沉舟，置之死地而後生

人生有無數次的選擇，每一次選擇都是一個偉大的轉折點，不同的選擇都會為你打開不一樣的故事線。背水一戰，破釜沉舟是歷史上軍事將領們常用來鼓舞士氣的潛規則。運用到別的領域裡，也不失為生存的最佳方略。

在韓信攻打趙國之初，趙王準備用二十萬大軍在井徑關口進行阻截。

趙國的李左軍向趙王建議：「漢軍遠征，軍糧自千里之外運來，這是犯大忌的。現在，他要深入井徑口內一百多里。這裡道路狹窄，我們只要用三萬人的兵力去劫奪它的糧草，使他進退不得，不出十天，漢軍必定退走。」

趙王深信「義兵不用詐謀」的道理。他想，韓信號稱數萬人馬，其實只有幾千兵丁，以趙國數十倍於他的兵力，若不敢與他正面交戰，而使用詐謀，豈不被人笑話？所以，他沒有用李左軍之計。

這正中韓信下懷。當探知趙王的決定後，漢軍大膽前進，在離井徑口三十里的地方紮營，韓信半夜選輕騎兩千帶著漢軍旗幟，從小路深入，並密令他們等待兩軍交戰、趙軍傾巢出動時偷襲趙營插上漢軍旗號。

在戰前動員會上，韓信傳令：「戰敗趙軍後再吃早飯。」將士們幾乎沒有人相信立刻就能取勝，但也只能聽憑指揮。

韓信佈置一部分隊伍背水為陣，趙軍見後嘻笑不止。背水無退路是用兵的大忌。韓信身為上將，竟鬧出這樣的笑話。趙軍於是放鬆了戒備，立即出關與漢軍混戰。不料漢軍根本不堪一擊，丟下輜重，棄車而逃。

守關的趙軍，看此情形迫不急待地衝出來飽掠一番。可是當他們滿載勝利果實回關時，關頭已經遍插漢軍旗幟。他們以為漢軍已經襲取關頭，大驚失色，回身想逃，恰好與背水一戰的漢軍相遇，兩軍對戰，趙軍死傷遍地。

戰鬥結束，趙王被擒。韓信用千金重賞士兵，重用俘虜李左軍。此戰前後所花時間僅一個時辰，果然沒有延誤士兵的早餐時間。

事先，韓信的部將都認為韓信背水紮營，不合兵法，竟然順利得勝，就向韓信請教。

韓信說：「兵法上說：陷之死地而後生，置之亡地而後存。背後有水，人人只能奮勇爭先，求取生路，這就是兵法教訓致勝的道理。」眾將領更加佩服韓信，「背水一戰」自此名揚後世。

陳勝、吳廣揭竿而起不久就相繼死去。然而，由他們點燃的反秦烈火卻越燒越旺。其中，以項梁的隊伍聲勢最大，接連幾次大敗秦軍，攻佔了一些地方。與此同時，隊伍中驕傲輕敵的心理也開始滋長。部將宋義勸告項梁說：「打了勝仗之後，主將容易驕傲，兵士容易鬆懈，這容易招致失敗，一定要謹防。」項梁不聽，放鬆了對秦軍的防備。

秦二世見形勢危急，派大將章邯率領大軍，前來鎮壓。章邯英勇善戰，打敗楚軍，殺死項梁，然後北渡黃河進攻趙國。

趙國是由陳勝的部下張耳、陳餘扶持的趙國後代趙歇建立起來的新政權，根本不是秦軍的對手。都城邯鄲很快丟失，趙王潛逃到鉅鹿。章邯命令王離、涉間二將包圍鉅鹿，自己率領秦軍主力駐紮在鉅鹿南面的棘原。他派人在棘原和鉅鹿之間修築了一條糧道，支援王離。王離兵多糧足，攻打鉅鹿更加賣力。

趙王歇向楚懷王緊急呼救。楚懷王立即下令以宋義為上將軍，項羽為次將軍統兵救趙。宋義帶領二十萬大軍來到安陽。聽說秦軍聲勢浩大，命令楚軍停止前進，想等到秦、趙兩軍交戰過後，趁秦軍疲憊不堪之際再掩殺過去。宋義在安陽按兵不動，一晃就是四十六天。

項羽見狀心裡著急，勸宋義急速渡河破秦軍救趙。宋義不肯向前，並以傲慢的態度對待項羽。項羽殺掉主將宋義，並把宋義被殺的事報告了楚懷王。楚懷王雖然不滿，也只好封項羽為上將軍。項羽派部將英布和蒲將軍率領兩萬人做先鋒，去切斷秦軍運糧通道。然後，項羽率領大軍渡過黃河，準備與秦軍決一雌雄。

過河以後，項羽為了激發楚軍的鬥志，堅定將士決戰的信心，下令把所有的船隻沉沒，把鍋籠砸爛，把房舍燒毀，只帶著三天的乾糧，項羽對大夥說：「現在我們是有進無退了！三天之內，必須打敗秦軍！」

項羽這種破釜沉舟的勇氣和決心，鼓舞著楚軍勇往直前，奮勇殺敵。與秦軍作戰時，楚軍將士以一當十、以十當百，殺得秦軍丟盔卸甲，狼狽逃竄，秦軍將領王離也被楚軍俘虜，圍困鉅鹿的秦軍全面崩潰。

鉅鹿之戰，殲滅了秦軍主力，奠定了滅秦的基礎，這是秦末戰爭中的一次關鍵性勝利。

後來清代的王況在《項羽論》中說：「嗟乎！首難者雖陳涉，滅秦者項王也；入關者雖沛公，滅秦者項王也。」

詩人鄭板橋也曾謳歌這一戰役：「項羽提戈來救趙，暴雷驚電連天掃。臣報君仇子報父，殺盡秦兵如殺草。戰酣氣盛聲喧呼，諸侯壁上驚魂逋。項王何必為夫子，只此決戰千古無。」

這些並非過譽之詞，確實反映出鉅鹿之戰的重大歷史作用。

鉅鹿之戰的勝利不僅展現了當時年僅二十四歲的項羽具有大將氣魄和膽略，

同時也表明項羽善於運用奪氣攻心的心理戰術。

當他面對強敵，看到憑己力量不足以抗衡對手時，採取了「破釜沉舟」的辦法，運用了心理學上「應激心理」——也就是「激將法」所產生的效應，促成了將士「困獸猶鬥」、「窮鼠噬貓」的勇氣，才取得最後的勝利。

孫子曾說過，將帥賦予軍隊任務，要像登高而抽去梯子一樣，使他們有進無退；率領軍隊深入諸侯國土，要像擊發弩機射出箭一樣，使其一往直前。「破釜沉舟」、「背水一戰」，就是「置之死地而後生」應激心理效應的具體運用。

所謂「應激」，是指人們在出乎意料的緊張情況下和對人有切身利害關係的嚴重事實面前所引起的情緒狀態。俗話所說的「急不擇路」、「急中生智」，這個「急」就是這一狀態的具體反映。

適當的應激心理，能夠使人們處於「警覺」或「準備搏鬥」狀態，並透過神經內分泌系統來進行心理、生理機能的調節，促進有機能量的發放，提高機體的活動效率和適應效能，煥發出一往無前的戰鬥精神。

當然，「應激狀態」的運用是有條件的，過度的、不適時的或長期的情緒應激，會使機體的激動程度增高，以致無法控制，出現應激反應的「衰竭」現象。所以，指揮員對應激心理的把握和利用，一定要量時、量地、量情，斷不可盲目從事。

容人之過，為自己留下後路

容人之過，釋人之嫌，不但是一種為人的度量，同時是一種生存的謀略。

楚莊王逐鹿中原，連續幾次取得了勝利。群臣都向楚莊王祝賀，莊王設宴款待群臣。席間，莊王命最寵愛的妃子為參加宴會的人敬酒。

這時，天色漸漸暗下來，大廳裡開始燃起蠟燭。猜拳行令，敬酒乾杯，君臣喝得興高采烈，好不熱鬧。忽然，一陣狂風刮過，客廳內所有的蠟燭一下全被吹滅，整個大廳一片漆黑。

莊王的那位美妃，正在席間輪番敬酒，突然，黑暗中有一隻手拉住了她的衣袖。對這突然發生的無禮行為，美妃喊又不敢喊，走又走不脫，情勢緊迫之下，她急中生智，順手一抓，扯斷了那個人帽子上的纓帶。那人手頭一鬆，美妃趁機掙脫身子跑到楚莊王身邊，向莊王訴說被人調戲的情形，並告訴莊王，那人的帽纓已被扯斷，只要點明蠟燭，檢查帽纓就可以查出這個人是誰。

楚莊王聽了寵妃的哭訴，出乎意料地表示不以為意。他想，怎麼能為了愛妃的貞節而使部屬受到污辱呢？

於是，莊王趁燭光還未點明，便在黑暗中高聲說道：「今天宴會，盛況空前，請各位開懷暢飲，不必拘禮，大家都把自己的帽纓扯斷，誰的帽纓不斷誰就是沒有喝好酒！」

群臣哪知莊王的用意，為了討得莊王歡心，紛紛把自己的帽纓扯斷。等蠟燭重新點燃，所有赴宴人的帽纓都斷了，根本就找不出那位調戲美妃的人。就這樣，調戲莊王寵妃的人，不僅沒有受到懲罰，就連尷尬的場面也沒有發生。

按說，在宴會之際竟敢調戲王妃，堪稱殺頭之罪了。楚莊王為什麼蓄意開脫，不加追究呢？他對王妃解釋說：「酒後失態是人之常情，如果追查處理，反會傷了眾人的心，使眾人不歡而散。」

時隔不久，楚莊王藉口鄭國與晉國在鄢陵會盟，於第二年春天，傾全國之兵圍攻鄭國。

戰鬥十分激烈，歷時三個多月，發動了數次衝鋒。在這場戰鬥中有一名軍官奮勇當先，與鄭軍交戰斬殺敵人甚多，鄭軍聞之喪膽，只得投降。

楚國取得勝利，在論功行賞之際，才得知奮勇殺敵的那名軍官，名叫唐狡，就是在酒宴上被美妃扯斷帽纓的人，他此舉正是感恩圖報啊！

容人之過，方能得人之心。有過之人非常希望看到他人的寬容和友誼，希望得到悔過自新的機會。這種需要一旦得到滿足，其對立情緒便會立即消失，感恩戴德，「得人滴水之恩，必當湧泉相報」的情感很快在心理上占據主導地位。

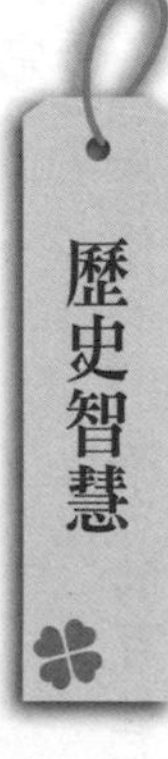

如果說楚莊王「三年不鳴，一鳴驚人」之舉表現出他在諸侯中問鼎稱霸的韜略和氣魄的話，那麼在宴會中絕纓之事，則表現了他那寬容大度的襟懷。

一名統御者能寬宥屬下的某些過失，寬大為懷，容人之過，念人之功，諒人之短，揚人之長，必然會得到部下的奮力相報，在客觀上為自己留下了一條後路。楚莊王在這一點上表現出來的智慧，無不值得青少年去效仿。

腳踩兩船，有備無患

腳踏兩船，用在情感中似乎不太明智，但用到生存上，不失為一大方略。別再做夢了，穩定工作已死，從現在開始打造職場「備胎」，以應對未來各種無法預料的危機吧！

管仲與鮑叔牙以及召忽三人很要好，決心在事業上互相合作。他們曾經合作做過生意，但他們更想合作治理齊國。

當時齊王有兩個兒子，一個叫糾，一個叫小白。召忽認為公子糾是長子，一定能繼承王位，因此對管仲和鮑叔牙說：「對齊國來說，我們三人就像大鼎的三條腿，缺一不可。既然公子小白不能繼承王位，我們三人就一同輔佐公子糾吧。」

管仲說：「這樣等於吊死在一棵樹上。萬一公子糾沒繼位，我們三人不是都完了？」

管仲：「國中的百姓都不喜歡公子糾的母親和公子糾本人。公子小白自幼喪母，人們必定可憐他。究竟誰繼承王位很難說。不如由一個人侍奉公子小白，將來統治齊國的肯定是這兩個人中的一個。這樣，不管哪一個當了齊王，我們當中都有功臣，可以相互照顧，進退有路，左右逢源。」於是他們決定由鮑叔牙去輔佐公子小白，由管仲和召忽輔佐公子糾。

後來，管仲射殺小白，鮑叔牙叫小白裝死。管仲以為小白已死，從容地陪公子糾回國繼位。不料公子小白已先回國當了國王，成了齊桓公，鮑叔牙成了功臣，管仲和召忽成了罪人。

然而正因為管仲事先想到了三位至交分散風險的退路，所以，鮑叔牙可以在齊桓公面前說情。後來齊桓公不但沒殺管仲，反而讓管仲當了宰相，協助自己成就出一番霸主業。

如果當時管仲三人全都一起輔佐公子糾，那麼一旦公子小白掌權，他們三人就都沒命了，歷史上也就不會留下管仲這麼多政績和言論了。管仲腳踏兩隻船的潛規則啟迪我們：凡事不可做絕，「留有餘地」實際上是留條後路給自己。看問題也不能只看到眼前順利的局面，看不到可能造成的不利後果而一廂情願地去處理問題，要做到「有備無患」、「防患於未然」。

深謀遠慮，消彌禍根於蕭牆

生活中，禍機的發生往往在很久以後才顯現，讓人難以發現。只有見識高超的人才能敏銳地察覺到，預先策劃好對策，以免禍患降臨己身。

宋真宗時，後宮李妃生子，就是後來的宋仁宗。當時正得寵的劉皇后無子，宋真宗便命劉皇后認仁宗為子。

仁宗長大後，以為自己是皇后親生。宮中人畏於皇后威嚴，沒人敢對他說明真情，仁宗對劉皇后也極為孝順。

宋真宗去世，仁宗即位，劉太后垂簾聽政，大家更沒人敢對仁宗講明，李妃身處真宗的眾多嬪妃中，對仁宗也不敢露出與眾不同之處。後來李妃病死，劉太后想把葬禮辦得簡單些，以免引起別人的疑心，怕萬一傳到仁宗耳中，事情會難以收拾。

宰相呂夷簡卻反對，在簾前諫言說：「李妃應該厚葬。」

當時仁宗正在太后身邊，劉太后嚇了一跳。

她忙令人把仁宗領出去，然後厲聲問呂夷簡：「李妃不過是先帝的普通嬪妃，為何要厚葬？況且這是宮裡的事務，你身為宰相，多什麼嘴？」

呂夷簡平淡地說：「臣身為宰相，所有的事都該管。如果太后為劉氏宗族著想，李妃就應厚葬；如果您不為劉氏著想，臣就無話可說了。」

劉太后沉思許久，明白了呂夷簡的用心，下旨厚葬了李妃。

呂夷簡出宮後，找到總管羅崇勳，告訴他：「李妃一定要用太后的禮儀厚葬，絲毫不能有缺。棺木一定要用水銀實棺，可別說我沒告訴你。」

羅崇勳見宰相少有的莊重與嚴厲，唯唯聽命，於葬禮用物絲毫不敢輕視。

劉太后死後，燕王為了討好皇上，便告訴仁宗：「陛下不是太后所生，而是李妃所生，可憐李妃遭劉氏一族陷害，死於非命。」

仁宗大驚，忙傳訊老宮人。劉太后已死，無人再隱瞞此事，便如實稟告。

仁宗知道後，痛不欲生。他在宮中痛哭多日，也不上朝，一想到親生母親朝夕在左右，自己卻不知道。母親在世之時，自己從未孝養過一日，最後竟然不得善終。他越思越痛，自己下詔宣佈自己為子不孝的大罪，改封母親為皇太后，並準備為母親以太后之禮改葬。待改葬後再查實，則準備清算劉太后一族的罪過。

然而宮闈秘事本來就是無法查實，也無法說明。劉氏宗族的人知道後惶惶不可終日，既無法申辯，只能坐待滅族大禍了。大臣們見皇上已激憤到極點，便沒人敢為劉太后一族說上一句話。

改葬李妃時，仁宗撫棺痛哭，卻見李妃因有水銀保護，面目如生，肌體完好，所用的葬器都嚴格遵照皇后的禮儀。

仁宗大喜過望，哀痛也減少許多，他對左右侍臣說：「小人的話真是不能信啊。」改葬完後，仁宗非但不追究劉氏一族的罪過，反而待之更為優厚。

宋朝時賢相輩出，遠勝於其他朝代。呂夷簡卻稱不上是賢明宰相，不過在處理仁宗生母李妃的葬事上，倒顯示出人所難及的深謀遠慮。

試想仁宗打開母親的棺木，如果屍體腐爛不可辨識，陪葬的器物再儉薄不成體統，仁宗痛上加痛，一怒之下也許根本不願去查，劉氏家族想要保留一條活命都不可能了。

仁宗是歷史上少見的寬厚有德的君主，劉皇后執政多年，也可謂有功於國，然而她的家族卻在一件難以預料的事上在鬼門關上繞了一個彎。禍與福就是如此難料，令人在欽佩呂夷簡之餘，也不禁慄慄危懼。

不識詭詐，必陷入他人奸謀

討厭詭詐而平實行事，固然是君子的本色；然而若是不識詭詐而陷入別人的奸謀中，也是要被當世人所識笑的。

和士開是北齊世祖高湛的寵臣，他為人奸佞狡詐，引導高湛日日縱酒淫樂，不理國事。和士開自己得以從中攬權納賄，結黨營私。他又和高湛的皇后婁氏私通，舉國皆知，高湛卻不以為意，對他寵信如故。

高湛死後，幼主即位，婁太后臨朝執政。久已不滿和士開專權亂政、穢亂宮廷的親王重臣集體發難，要求把和士開逐出朝廷，貶到外省為官。

婁太后不聽，親王大臣們也堅持不退，雙方各不相讓。第二天，親王大臣們又到朝中要求太后貶逐和士開，態度更為堅決。婁太后無奈，只好任命和士開為兗州刺史，等葬完齊世祖高湛後就讓他去上任。親王大臣們一俟葬事完畢，就督促和士開上路。婁太后捨不得和士開離去，要留他等過了百日再走，親王大臣們堅決不允許，婁太后也只得命和士開上路。

和士開知道一離開朝廷就永無回頭之日了，說不定在半路上就被這些人逼著太后下詔處死自己，一時間憂懼參半。他想了一夜終於有了辦法。

和士開用車拉著四名美女和一付珍珠簾子去拜訪婁定遠。這婁定遠也是極力主張驅逐和士開的大臣之一。

和士開見到婁定遠，故意裝出誠惶誠恐的樣子，流淚說：「諸位權貴要殺士開，全靠大王保護之力，保全了我的性命，還任命為一州刺史。如今向您辭行，送上四名美女子，一付珠簾，聊表謝意。」

婁定遠沒想到無功卻受祿，見到絕色美女和珍珠簾子，更是喜出望外，便問和士開：「你還想還朝嗎？」

和士開說：「我在朝內太不安全，如今能出外任職，實在是遂了心願，不想再回朝中了，只請求大王保護士開，長久擔任大州刺史就心滿意足了。」

婁定遠以為和士開賄賂自己只是求自己保護他，便信了他的鬼話，滿口答應。和士開告辭，婁定遠送他到門口，和士開說：「我如今要到遠方去了，希望能有機會覲見太后和皇上。「

婁定遠雖知和士開和太后的姦情，卻也沒深想，以為和士開不過是想和太后敘敘情而已，也答應了下來。

在婁定遠的安排下，和士開得以見到婁太后和齊後主。

和士開痛哭流涕地說：「在群臣之中，先帝待臣最為恩厚。先帝忽然駕崩，臣慚愧不能追隨先帝於地下。如今看朝中權貴的意思，並不只是要害臣，而是要剪除陛下的羽翼，然後行廢立大事。臣遠行之後，朝中必有大的變故，倘若太后和陛下有所不諱，臣有什麼面目見先帝於地下？」

婁太后、齊後主被他這一番危言也嚇得魂不附體，失聲痛哭，婁太后便問和士開應當怎樣對付。

和士開爬起身，撣撣衣服，笑道：「臣在外固然沒辦法，如今臣已在宮中，需要的不過是幾行詔書而已。」

婁太后、齊後主視他為救星，一切任他所為，和士開便草擬詔書，把婁定遠貶為青州刺史，其他大臣也都貶逐得遠遠的，對親王則下旨嚴詞譴責。親王大臣們見和士開已和太后、皇上打成一片，知道大勢已去，只有悵然喟歎而已。

一直帶頭堅持貶逐和士開的太尉、趙郡王高叡心有不甘，再次進宮找太后理論，被婁太后命衛士在宮中永巷內打殺。

婁定遠此時才知上了和士開的當，只好把和士開送他的四名美女和珠簾都還給和士開，又把家裡的珍寶拿出來賄賂他，這才免除後禍，真是「賠了夫人又折兵」。

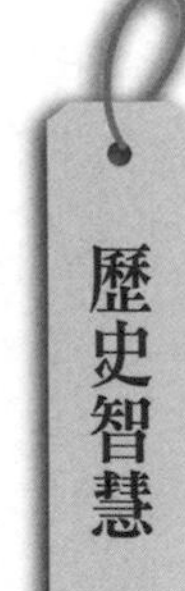

魚不可脫離水，龍不可脫離淵，人不可脫離權。

久握重權身居高位的人，一旦失去權柄就會慘不可言，即使想成為平民百姓，過貧苦生活都不可能。其實權力和富貴都是雙刃劍，控制得宜便身享榮華，太阿倒持則大禍立至，先前所擁有和享受的，也正是轉頭來毀掉自己的。

和士開雖有智計，卻已脫離權柄，婁太后和齊後主孤兒寡婦，心無主見，高叡等重臣借機切入其中，逼迫婁太后貶逐和士開，婁太后迫於眾議，又自知聲名不雅，只好忍痛從命。眼看大局已定，不料婁定遠見利忘義，頭腦簡單，把大家冒萬險、拚生死從和士開手中搶下的權柄又歸還給他，不但自己遭殃，還連累趙郡王高叡白白斷送了性命。

利欲之害人每每如此。

勿觸禁忌，維護他人顏面

人人都有隱私，誰也不想讓別人揭破。但一些人以此為好，甚至在面對有「舊傷疤」的上司時也這樣，其結果可想而知。

明太祖朱元璋出身寒微，做了皇帝後自然少不了有昔日的窮哥兒們到京城找他。這些人滿心以為朱元璋會念在老朋友的情分上給他們個一官半職，誰知朱元璋最忌諱別人揭他的老底，以為那樣會有損自己的威信，因此，對來訪者大都拒而不見。

朱元璋的少時好友，千里迢迢從老家鳳陽趕到南京，幾經周折才算進了皇宮。一見面，這位仁兄便當著文武百官大叫大嚷起來：「朱老四，你當了皇帝可真威風呀！還認得我嗎？當年咱們倆光著屁股一塊玩耍，你幹了壞事總是讓我替你挨打。記得有一次咱倆一塊偷豆子吃，背著大人用破瓦罐煮。豆還沒煮熟你就先搶起來，結果把瓦罐打爛了，豆子撒了一地。你吃得太急，豆子卡在喉嚨裡還是我幫你弄出來的。你忘了嗎？」

朱元璋聽到這裡，再也坐不住了，心想此人太不識趣，居然當著文武百官的面揭我的短處，讓我這個當皇帝的臉往哪兒擱。盛怒之下，朱元璋下令把這個窮哥兒們殺了。

「為尊者諱」，這是官場的一條規矩。

一個人，無論他原來的出身多麼低賤，有過多麼不光彩的經歷，一旦當上了大官，爬上了高位，他身上便罩上了靈光，變得神聖起來。往昔那見不得人的一切，要麼一筆勾銷，永不許再提；要麼進行改造，重新解釋，賦予新的含義。但這位仁兄哪懂得這一點，自以為與朱元璋有舊交，居然當眾揭了皇帝的老底，豈不是自找倒楣嗎？

歷史上不少皇帝的出身並不佳，這就需要臣下為他們編造光榮家史。

劉邦在做皇帝以前本是沛縣的農家子弟，沒有一點可資吹噓的貴族血統，只不過是一個橫行鄉里的地痞無賴，劣跡斑斑。而在奪取帝位後，張良、蕭何等下屬為了討得主子的歡心，苦心孤詣地編造出了許多荒誕的神話，以抬高劉邦的身價，維護他的權威，愚弄百姓。

劉邦生於沛縣，排行最小，所以字季，又叫劉老三。其名字與長兄伯（老大）、二兄仲（老二）一樣，均是普通淺顯的名字，說明劉家並無多少文化。史書上也沒有留下劉家父母的姓名，只是稱「老頭子「（太公）和「劉老婆「（劉媼）。

劉老三少小無賴，不務正業，四處遊蕩，騙吃騙喝，打架鬥毆，無惡不作，很令老父老母頭疼。後來，劉邦仗著膽大不服管教，被委任為泗上亭長一職，專管催徵納糧、抓丁捕盜之事。

西元前二一〇年，劉邦接沛縣縣令指示，要他帶幾個人押送十幾名囚徒往驪山，幫助修築始皇陵墓。走至豐鄉大澤附近，十幾個囚犯一哄而散，劉邦目瞪口呆，悵然失落。此番回去，失去人犯，定然難以交差，肯定要吃罪；若是逃奔，家有妻兒老小，必受牽累，況且前途渺茫，何去何從，實在難以定奪。窮途末路，劉邦束手無策。

劉邦思量再三，決定還是偷偷回家，與父母、妻子商量商量。因此，剩下押解的幾個人不敢走官家大道，只得在人跡罕至的小道中晝宿夜行，往家急趕。

一日深夜時分，伸手不見五指，眾人以火把照明，仍是急急趕路。走著走著，領頭的一人忽然嚇得驚慌失措掉頭就往回跑，說前方有一條巨蟒擋道，長約數丈，這回大家是死定了。

劉邦聽後，不以為然，說：「壯士行路，豈畏蛇蟲？」

說完，一個人昂首闊步，仗劍前行，到達一水溝，果然只聽嘩嘩直響，一條巨蟒橫架溝中，全然不避眾人。

劉邦一見，也不答話，走近蛇旁，手起劍落，就將大蛇劈作兩段。然後撥開蛇身，繼續昂然前行，到達一僻靜地方，就地打臥，鼾然入睡。眾人開始時大驚失色，繼而對他凜然佩服，都稱劉邦乃是神人。

這個故事後來便經改造變成了「赤帝子斬殺白帝子」的神話，在百姓中廣為流傳。劉邦的身份也隨之被神話。

古代君主不少出自平民，甚至無賴。他們奪取權力後，出身往往成了一塊心病。於是手下便趁機逢迎獻媚，或製造帝王是「神物」的神話，出生之時就是神仙投胎、自神轉化而來，證明君權神授，天生就是當皇帝的料子；或從古代的聖君、帝王血統中尋根，以證明君主血統的高貴。

實際上，這樣做是為了考慮「上級」的面子問題，充分迎合他們的心理需求。我們雖不提倡去「逢迎拍馬」，但了解其中的微妙關係，避免觸犯上級的禁忌，維護他們的面子，才是明智的生存之道。

對於小人，多留幾個心眼

知人難，因為人都是有偽裝的，《六韜．選將》舉了這樣的十五種例子：有的外似賢而實不肖；有的外似善良，而實為強盜；有的外貌恭敬，而內實傲慢；有的外似謙謹，而內不至誠；有的外似精明，而內無才能；有的外似忠厚，而內不老實；有的外好計謀，而內乏果斷；有的外似果敢，而內實是蠢材；有的外似實懇，而內不可信；有的外似懵懂，而為人忠誠；有的言行過激，而做事有功效；有的外似勇敢，而內實膽怯；有的外表嚴肅，而平易近人；有的外貌嚴厲，而內實溫和；有的外似軟弱、其貌不揚，而內實能幹、沒有完成不了的事。

人往往就是這樣表裡不一。因此觀察一個人，不能只看表面，要透過表面現象透視其內心世界，就是說要從表到裡，看其是否表裡如一，才能知其面，亦知其心。而識別小人更為重要，有時，可能會因為得罪了小人而喪命。

戰國時，齊國大夫夷射在接受國王的宴飲後，酒醉飯飽而出。此時，擔任王宮守門的小吏刖跪請求說：「賞我一點酒喝吧。」夷射斥責刖跪說：「一個下賤的守門人也想飲用國王的美酒嗎？滾開！」夷射走遠後，刖跪將碗裡的水潑在廊門的接水槽中，狀似小便。

天明以後，齊王出來，責問刖跪道：「昨天晚上是誰在此處小便呀？」刖跪回答說：「夷射曾立於此。」齊王大怒，誅殺了夷射。

當然，反之若你能識破別人害你的計謀，則能安然無恙。

明朝蘇州城裡有位尤翁，開了間當鋪。一年年關，尤翁在裡屋盤帳，忽然聽見外面櫃檯處有爭吵聲，趕忙走了出來。原來是一個窮鄰居趙老頭在與夥計爭吵。

夥計告訴尤翁：「東家，這個趙老頭蠻不講理。他前些日子當了衣服，現在他說過年要穿，一定要取回去。可是他又不還當衣服的錢，我一解釋，他就破口大罵。」

尤翁一聽，也很生氣。可是他不動聲色，語氣懇切地對趙老頭說：「老人家，我知道您的來意。過年了，總想有身體面的衣服穿穿，這是小事一件，大家是低頭不見抬頭見的熟人，什麼事都好商量，何必與夥計一般見識呢？您老消消氣吧！」

不等趙老頭開口辯解，尤翁就叫夥計把趙老頭典當的衣服中取出四五件冬衣來給他。趙老頭似乎一點也不領情，拿起衣服，連個招呼都不打，急匆匆地走了。尤翁含笑拱手將趙老頭送出大門。

當天夜裡，趙老頭竟然死在另一位開店的街坊家中。趙老頭的親屬趁機控告那位街坊逼死了趙老頭，與他打了好幾年官司。最後，那位街坊被拖得精疲力竭，花了一大筆銀子才將事情擺平。事情真相終於透露了出來。

原來趙老頭因為負債累累，家產典當一空後走投無路，就預先服了毒，來到尤翁的當鋪吵鬧尋事，以死來敲詐錢財。沒想到尤翁一味忍讓，他只好趕快撤走，在毒發之前趕到另一家。

事後，有人問尤翁為什麼能料事如神？尤翁說：「我只是照常理推測。若是有人無理取鬧，那他必然有所依恃，所以我就忍了下來。」

客觀判斷真偽、識別人小，對於領導者來說，尤為重要。

唐高祖因為皇甫無逸是隋朝舊臣，十分的尊重和禮待他，任命他為刑部尚書，封為滑國公，歷任陝東道行台民部尚書。第二年，升遷為御史大夫。

當時，益州地界剛歸附，刑法不夠健全，官吏橫行不法，貪贓枉法現；象普遍存在。朝廷派皇甫無逸持節巡察，按規定對官吏該罷免的罷免、該升遷的升遷。皇甫無逸宣揚朝廷的法規恩惠，法令嚴肅，蜀地民眾很信賴。

有個叫皇甫希仁的官吏，見皇甫無逸專制一地，名聲日高，由羨生妒，上書詆毀他說：

「我的父親在洛陽，無逸因為他母親的緣故，曾暗地裡派我與王世充交往。」

唐高祖知道這是讒言，斥責皇甫希仁說：「無逸被王世充所逼迫，離開他的母親歸附我。現在我對他的委任高於眾人，他在益州為官清廉，名聲又好，這自然會引起一些小人的不滿，進而詆毀他。實際上，這是離間君臣關係、惑亂我的視聽。」

於是，斬皇甫希仁於順天門，並派遣李公昌前往益州慰問安撫皇甫無逸。

不多日子，又有人告發皇甫無逸暗中與蕭銑交往。皇甫無逸當時與益州行台僕射竇璡不和，於是，上奏表自我辯解，並列舉了竇璡的罪狀。

唐高祖看了奏表後說：「無逸當官執法無所迴避，這必是邪惡之徒嫉妒正直官吏，勾結起來誣陷他。」

於是，命令劉世龍、溫彥博前往調查處理此事。經調查，果未發現其謀反罪證。因此，誣告者被誅殺，竇璡被罷黜。

皇甫無逸在益州完成巡察使命返回朝廷後，唐高祖安慰他說：「愛卿在益州立身方正，為官清廉，我很了解。有人多次誣告你，這都是因為你方正清廉，引起了邪惡之徒的嫉妒啊！」

在日常生活中，誰都不願意與小人打交道。可是，不管你願意或不願意，都不可避免地要與小人打交道。與這樣的人打交道時，務必多留幾個心眼。但即使你比他強大，也不要與其發生衝突。

仇視小人、與小人作正面爭鬥，雖足以顯示你的正義，但這不是保身之道。在實際生活中，小人無處不在，所以在與人交往中要學會辨識小人，不要讓小人阻礙了自己的前程。

要有保全自己的心計

要想在紛繁複雜的現代社會競爭中立於不敗之地，就要求你在做人的時候多些「心眼」，多點「心計」，為保全自己創造條件，奠定基礎。懂得保全自己，也是成功做人做事的基本經驗。

西元前二二四年，秦國老將王翦率領六十萬秦軍討伐楚國。秦始皇親自到灞上為王翦大軍送行，王翦向秦始皇提出了一個要求，請求秦始皇賞賜給他大量的土地宅院和園林。

秦始皇不明白王翦的意思，不以為然地說：「老將軍只管領兵打仗吧，哪裡用得著為貧富憂慮呢？」

王翦回答說：「古有國王的大將，往往立下了赫赫戰功，卻得不到封侯。因此，我一定要趁著大王還寵信我的時候，請求大王賞給我良田美宅，為子孫累積家產。」

秦始皇聞後，覺得這點要求微不足道，便一笑置之。

王翦帶領軍隊行進到函谷關，心裡還惦記著地產一事，接連幾次派人向秦始皇提出賞賜地產的要求，並有所追加。

王翦手下的將士見他率兵打仗還念念不忘田宅，覺得不可思議，便問：「將軍如此三番五次地懇請田宅，不覺得做得太過分了嗎？」

王翦答道：「不，秦王生性好猜疑，不信任人。現在他把秦國的軍隊全交給我統領，我若不藉此機會多要求些田宅，難道要他身居朝廷而懷疑我有二心嗎？」

第二年，王翦率領的軍隊攻下了楚國，俘獲楚王負芻。秦始皇十分高興，遂滿足了王翦的請求，賞給他不少良田美宅、園林湖池，並將他封為武成侯。王翦的兒子王賁也是秦國將領，他率軍先後攻下了魏國、燕國、遼東和齊國，被封為通武侯。

他們兩父子都只求財物，不求權力，秦始皇終於明白了他們的心思，接受了他們的請求，並加以重用。

很明顯，王翦是做事極有心計的人，他知道位高權重者，每每成為眾矢之的。樹大招風，爬得越高，跌下來就越慘。王翦深知秦始皇生性多疑，對任何人都不信任，而自己握有重兵，秦始皇就更放不下心，自己隨時都會遭受危險。

為了解除秦王的疑慮，轉移秦王的視線，他使用多請田宅、園池的辦法使秦王不疑忌自己，從而得以放心在前方作戰，攻破了楚國都城。王翦也最終使秦王對他放下心來，不僅保全了自己，並得以身委重任。

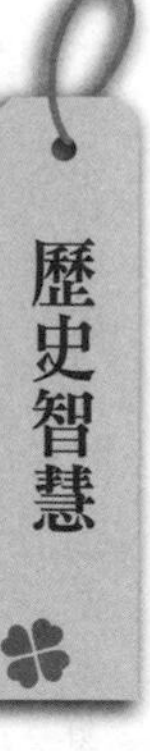

人生在世，難免會有風險。明哲保身是對自己的處境、行為、目的有深刻的了解，對各種不測有充分的心理準備，隨形勢、人事的變化決定處理方式。雖然不以整人、害人為目的，但為了保全自己，必要時應該毫不猶豫地「以子之矛，攻子之盾」，以攻為守，避免被動。

寧打落水狗，不姑息遷就

「痛打落水狗」可以理解為把事情做徹底、不留隱患。對壞人看清其本質後，不要姑息遷就。但也並不代表我們能乘人之危、落井下石。

西元六一七年，盤踞洛陽的王世充與李密對峙。此前，王世充在與洛倉戰役中幾乎被李密打得全軍覆沒，不敢再與他交鋒了。

不過，王世充很快重整旗鼓。他準備與李密再決勝負。交戰當前，還有一個令他發愁的問題，那就是糧食。

洛陽週邊的糧倉都已被李密控制，城內的糧食供應非常吃緊。不僅老百姓如此，他的部隊也不例外，因為填不飽肚子，每天都有人偷偷跑到李密那邊去。王世充很清楚，如果糧食問題得不到及時的解決，他想留住士兵的一切努力終歸是徒勞，更甭提什麼戰勝李密。

在既無實力奪糧，又不可能從對手那裡借糧的情況下，王世充想到了一個好主意：用李密目前最緊缺的東西去換取他的糧食。

王世充派人前往李密所駐營地進行實地了解。探子回報說李密的士兵多為衣服單薄而頭痛。

這就好辦了！王世充欣喜若狂，當即向李密提出以衣易糧的建議。李密起初不肯，無奈邴元真等人各求私利，老是在他耳邊聒噪，說什麼衣服太少會嚴重影響軍心的安定之類的話語。李密不得已，只好答應下來。

王世充換來了糧食，部隊的局面得到了根本的改善，士氣進一步提振，士兵叛逃的現象日益減少。

李密也很快察覺了此事，非常後悔，連忙下令停止交易。但為時已晚，李密無形中替王世充養了一支精兵，也為他自己的前景徒然增添了許多難以預想的麻煩。

後來，恢復生機的王世充大敗李密，李密才後悔莫及，當初沒有痛打落水狗，才讓自己遭此厄運。

明朝的熊文燦因舉措不得力，致使明末民軍進軍迅猛，也是一個生動的歷史教訓。

明末民軍首領張獻忠所向披靡，打得官軍狼狽不堪。

西元一六三八年，民軍遇上了勁敵，那就是作戰剛強的左良玉。

張獻忠冒充官軍奔襲南陽，被總兵左良玉識破，計謀失敗，張獻忠負傷退往湖北穀城。此時，李自成、羅汝才、馬守應、惠登相等幾支民軍也相繼失利，且分散於湖廣、河南、江北一帶，各自為戰，互相難以配合。張獻忠在穀城，身處官軍包圍之中，勢力孤單。加上經過十餘年的戰爭，民軍的糧餉很難籌集，處境十分惡劣。

張獻忠經過一番思考，決定利用明朝高叫「招撫」的機會，將計就計。

不久，張獻忠得知陳洪範在熊文燦手下當總兵，大喜過望。陳洪範曾救過張獻忠一命，而熊文燦的拿手戲則是以「撫」代「剿」，正可利用而不被懷疑。於是，他馬上派人攜重金去拜見陳洪範，說道：

「獻忠蒙您的大恩，才得以活命，您不會忘記吧！我願率部下歸降來報救命之恩。」陳洪範甚是驚喜，上報熊文燦。而熊文燦也視為理所當然，接受了張獻忠的「投誠」。

此後，張獻忠名義上受「撫」，實際上仍然保持獨立。經過一段時間的休養生息之後，張獻忠於次年五月在穀城重舉義旗，打得明朝官軍措手不及。

歷史智慧

李密在形勢有利的情況下輸給了王世充，從此一蹶不振；熊文燦過於輕信張獻忠，把到手的勝利丟掉了。究其原因都是沒有「痛打落水狗」，心慈手軟，給了對手喘息之機。這對後人來說，實在是深刻而慘痛的歷史教訓，應以此為鑒。

在樹大招風之前全身而退

人的欲望無窮無盡，如果任其氾濫、膨脹，將不可想像。因此，深度認知強化心理，學會控制心中的欲望是十分必重的。

范蠡輔佐越王勾踐二十多年，滅掉吳國後卻上書請辭。

勾踐十分不解：「現在你功高位尊，無所憂患，正是盡享富貴的時候，為何輕言放棄呢？」

范蠡搪塞掩飾，不肯正面回答。他對文種說：「盛名之下，其實難久；人不知止，其禍必生。勾踐只可與其共患難，難與其同安樂。這樣的君主豈能輕信？」

文種不想逃難：「富貴得來不易，目前正是再進一步的時候，機不可失啊。」

范蠡長歎：「人的一念之差往往決定著生死福禍。若為貪念所繫，就悔之不及了。」

於是他不辭而別，帶著家人從海路逃到齊國，改名換姓，再創家業。范蠡頭腦聰明無比，經營有方，不長時間便富甲一方。齊王聽說了他的才能，便任命他為相。

范蠡的想法出乎所有人的預料，他憂心地說：「治家能積累千金，居官能升至將相。若不思退，兇險馬上就會降臨。」

他退回了相印，又決定散盡家財遠走。

他的家人苦勸不止，說：「這是我們辛勞所得，不貪不占，為何要白白送給別人呢？」

范蠡勸道：「人貧我富，人無我有，就與只取不施，恃富不仁是一樣的啊。何不放棄呢？」他把家財分給好友，來到陶邑過著隱居生活。

初到陶邑，范蠡不顧家人的埋怨，自覺無比快樂。時間一長，范蠡又開始考慮治業大計。

他的家人帶有怨氣說：「人人思富，個個求財，你富不珍惜，口言錢財無用，今日何必再言此事？錢財有那麼好賺嗎？」

范蠡輕鬆一笑說：「窮富之別，在乎心也。只要有心，錢財取之何難？」

范蠡發現陶邑位於天下的中心，四通八達，正是交易的好地方。他於是以經商為業，求取利潤。范蠡的經商謀略也卓越超群，沒多久就又積聚了巨萬資財，成為當地首富，號稱「陶朱公」。

後來，范蠡又散盡家財：「錢財是身外之物，不要過分看重它才能得到它。此中真諦不是守財者所能悟出的。它讓人受益無窮呢！」

自從范蠡不辭而別以後，文種見勾踐日夜享樂，有點心灰意懶，常常稱病不朝。於是有人向勾踐進讒言說：「大夫文種自恃有功，倨傲不朝，背地裡勾結私黨，企圖叛亂……」

越王勾踐疑心，將一把寶劍賜給文種：「你教寡人用七種計謀去征服吳國。寡人只用了其中三種就打敗了吳國，還有四種計謀留在你那兒。我請你替我去陰間繼續對抗夫差吧。」

大夫文種悔恨地說：「這都怪我當初不聽范蠡的勸告啊！」說完，憤然自盡了。

范蠡深知「飛鳥盡，良弓藏；狡兔死，走狗烹」的道理，所以能功成身退，保住自己的性命。這正是范蠡高人一等的地方。大夫文種不聽范蠡的勸告，貪戀權位，對越王勾踐的殘忍認識不足，最後落得飲劍身亡。歷史上，類似范蠡和文種的事例還有許多。審時度勢，急流勇退，其實並不失英雄本色。

勿輕視他人，以免自取其辱

眾生平等，不必因自己某方面看似較他人優越便陷入狂妄，進而輕看別人，這是一種淺薄之舉。自恃甚高的人，大多得不到他人的認同，難免影響人脈的拓展。

從前有個富商名叫吴裕，十分通情達理，對人總是誠懇。有一次，他要招雇一批春米的工人，派人把消息放了出去。有人把這事告訴了公孫穆，公孫穆高興極了。他想：這下可有機會賺些錢繼續求學了！在當時，為人春米被認為是低賤的工作，但公孫穆顧不得這些，他把自己打扮成做粗重體力工作的樣子，穿一套短衫短褲就去應徵了。

一天，吴裕打算去春米的地方轉一轉，巡視一番。他信步一路走來，東瞧瞧，西看看，最後在公孫穆身邊站住了。公孫穆正做得滿頭大汗，也沒有注意吴裕在他旁邊，還是一個勁地春他的米。

過了好一會兒，吴裕越看越覺得公孫穆的動作不很熟練，體力也不怎麼好，不似尋常春米工人，就問他道：「小夥子，你為什麼會到我這兒來工作呢？」

公孫穆隨口答道：「為了賺錢當學費。」

吳裕：「哦，原來你是個讀書人啊，怪不得我看你斯斯文文的，不太像工人。歇會兒吧，咱們倆聊聊！」

他倆談得十分投機，相見恨晚。後來，這兩個人結成莫逆之交。

吳裕並未因為貧富懸殊而看不起公孫穆這個窮書生，反而與他成為好友。這種不從俗的看人眼光是很可貴的。我們交朋友，也同樣不應以貴賤、貧富為標準，而要更看重一個人的才識和品行。

清代有名的才子畢秋帆的經歷再次證明這一點。

乾隆三十八年，畢秋帆任陝西巡撫。赴任時行經一座古廟，畢秋帆進廟內休息。一個和尚坐在佛堂上念經。有人通報巡撫畢大人來了，這個和尚既不起身，也不開口，只顧念經。畢秋帆當時只有四十出頭，英年得志，自己又曾中狀元，名滿天下，見老和尚這樣傲慢，心裡很不高興。

老和尚念完一卷經後，離座起身，合掌施禮，說道：「老衲適才佛事未畢，有疏接待，望大人恕罪。」

畢秋帆說：「佛家有三寶，老法師為三寶之一，何言疏慢？」

隨即，畢秋帆上坐，老和尚側坐相陪。

交談中，畢秋帆問：「老法師所誦何經？」

老和尚說：「《法華經》。」

畢秋帆說：「老法師一心向佛，摒除俗務，誦經不輟，這部《法華經》想來應該爛熟如泥，不知其中有多少『阿彌陀佛』？」

老和尚聽了，知道畢秋帆心中不滿，有意出這題為難他，不慌不忙，從容地答道：「老衲資質魯鈍，隨誦隨忘。大人文曲星下凡，屢考屢中，四書想來也應該爛熟如泥，不知其中有多少『子曰』？」

畢秋帆聽了不覺大笑，對老和尚的回答極為讚賞。

獻茶之後，老和尚陪畢秋帆觀賞菩薩殿宇，來到一尊歡喜佛的佛像前，畢秋帆指著歡喜佛的大肚子對老和尚說：「你知道他這個大肚子裡裝的是什麼嗎？」

老和尚馬上回答：「滿腹經綸，人間樂事。」

畢秋帆不由連聲稱好，因而問他：「老法師如此捷才，取功名容易得很，為什麼要拋卻紅塵，皈依三寶？」

老和尚回答說：「富貴如過眼雲煙，怎麼比得上西方一片淨土！」

兩人又一同來到羅漢殿，殿中十八尊羅漢各種表情，各種姿態，栩栩如生。

畢秋帆指著一尊笑羅漢問老和尚：「他笑什麼呢？」

老和尚回答說：「他笑天下可笑之人。」

畢秋帆一頓，又問：「天下哪些人可笑呢？」

老和尚說：「恃才傲物的人，可笑；貪戀富貴的人，可笑；倚勢凌人的人，可笑；鑽營求寵的人，可笑；阿諛逢迎的人，可笑；不學無術的人，可笑；自作聰明的人，可笑……」

畢秋帆越聽越不是滋味，連忙打斷他的話，說道：「老法師妙語連珠，針貶俗子，下官領教了。」說完深深一揖，便帶領僕從離寺而去。

從此，畢秋帆再也不敢小看別人了。

歷史智慧

在現實生活中，免不了要與人交往，與朋友在一起時，過度表現自己，態度居高臨下、有意炫耀抬高自身，朋友的自尊心容易受到挫，則常產生敬而遠之的念頭。因此，與友相交，要控制情緒，保持理智平衡，態度謙遜，虛懷若谷，視自己與他人地位平等，尊重留意對方的存在。

慧眼識人，明辨是非

世界上有形形色色的騙子，打著各種旗號騙人。只有練就過人的慧眼，善於從多角度考慮問題，才能避免上當受騙。

燕王有收藏各種精巧玩物的嗜好。有時他為了追求一件新奇的東西，甚至不惜揮霍重金。「燕王好珍玩」的名聲不脛而走。

有一天，一個衛國人到燕都求見燕王。他見到燕王后說：「我聽說君王喜愛珍玩，特來為您在棘刺的頂尖上刻獼猴。」

燕王一聽非常高興。雖然王宮內有金盤銀盞、牙雕玉器、鑽石珠寶、古玩真跡，可是從來還沒有聽說過棘刺上可以刻獼猴。因此，燕王當即賜給那衛人享用三十方里的俸祿。

隨後，燕王對那衛人說：「我想馬上看一看你在棘刺上刻的猴。」

衛人說：「棘刺上的獼猴不是一件凡物，只有有誠心的人才能看得見。如果君王在半年內不入後宮、不飲酒食肉，並且趕上一個雨後天晴的好日子，搶在陰晴轉換的瞬間去看刻有獮猴的棘刺，屆時您將如願以償。」

不能馬上看到棘刺上刻的獮猴，燕王只好拿俸祿先養著那個衛人，等待有了機會再說。

鄭國台下地方有個鐵匠聽說了此事以後，覺得其中有詐，便去給燕王獻策出主意。

這匠人對燕王說：「在竹、木上雕刻東西，需要有鋒利的刻刀。被雕刻的物體一定要容得下刻刀的鋒刃。我是一個打製刀斧的匠人，據我所知，棘刺的頂尖與一個技藝精湛的匠人專心製作的刻刀鋒刃相比，其銳利程式有過之而無不及。既然棘刺的頂尖連刻刀的鋒刃都容不下，那怎樣進行雕刻呢？如果那衛人真有鬼斧神工，必定有一把絕妙的刻刀。君王用不著等上半年，只要現在看一下他的刻刀，立即就可知道用這把刀能否刻出比針尖還小的獮猴。」

燕王一聽，拍手說道：「這主意真好！」

燕王把那衛人召來問道：「你在棘刺上刻猴用的是什麼工具？」

衛人說：「用的是刻刀。」

燕王說：「我一時看不到你刻的小猴，想先看一看你的刻刀。」

衛人說：「請君王稍等一下，我到住處取來便是。」

不料燕王和在場的人等了約一個時辰，還不見那衛人回來。燕王派侍者去找。侍者回來後稟報道：「那人已不知去向了。」

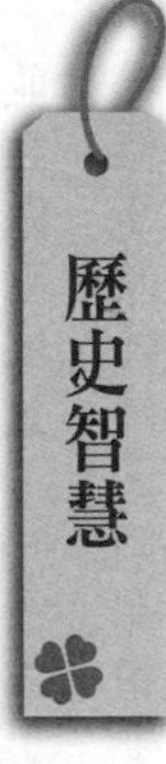

看來，再狡猾的騙子也會有破綻，只要我們不被其天花亂墜的吹噓語言所惑，冷靜地分析判斷，就一定能夠看穿他們的真面目。因此，我們當練就一雙明辨善惡是非的慧眼，莫讓自身的利益受到損害。

人格為上，不容商量

「倉廩實而知禮節。」當人在落魄的時候還能保持人格的尊嚴、「貧賤不移」的行為是難能可貴的。

戰國時期，各諸侯國互相征戰，老百姓不得太平。若再加上天災，老百姓更沒法活了。這一年，齊國大旱，一連三個月沒下雨，田地乾裂，農作物全死了。窮人吃完了樹葉吃樹皮，吃完了草苗吃草根，眼看一個個都要被餓死了。可是富人家裡的糧倉仍滿，他們依舊吃香喝辣。

有一個富人名叫黔敖，看著窮人一個個餓得東倒西歪，他反而幸災樂禍。他想拿出點糧食給災民們吃，但又擺出一副救世主的架子，他把做好的饅頭擺在路邊，施捨給過往的饑民們。每當過來一個饑民，黔敖便丟過去一個饅頭，並且傲慢地喊：「叫化子，給你吃吧！」有時候，過來一群人，黔敖便丟出去好幾個窩頭讓饑民們互相爭搶，黔敖在一旁嘲笑地看著他們，十分開心，覺得自己真是大恩大德的活菩薩。

這時，有一個骨瘦嶙峋的饑民走過來，只見他滿頭亂蓬蓬的頭髮，衣衫襤褸，將一雙破爛不堪的鞋子用草繩綁在腳上，他一邊用破舊的衣袖遮住面孔，一邊搖搖晃晃地邁著步，由於幾天沒吃東西了，他已經支撐不住自己的身體，走起路來有些東倒西歪了。

黔敖看見這個饑民的模樣，特意拿了兩個饅頭，還盛了一碗湯，對著這個饑民大聲吆喝著：「喂，過來吃！」

饑民像沒聽見似的，沒有理他。黔敖又叫道：「嗟，聽到沒有？給你吃的！」

只見那饑民突然精神振作起來，瞪大雙眼看著黔敖說：「收起你的東西吧，我寧願餓死也不願吃這樣的嗟來之食！」

黔敖萬萬沒料到，餓得這樣搖搖晃晃的饑民竟還保持著自己的人格尊嚴，黔敖滿面羞慚，一時說不出話來。

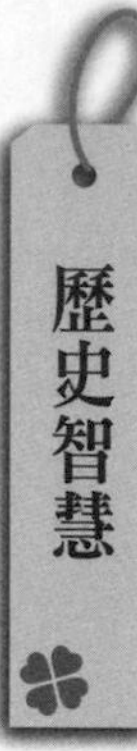

本來，救濟、幫助別人就應該真心實意而不要以救世主自居。對於善意的幫助是可以接受的；但是，面對「嗟來之食」，倒是那位饑民有骨氣的精神，值得我們讚揚。

開外掛人生的歷史智慧

與人相處，不要把自己過去的事全讓人知道，特別是那些不願讓他人知道的祕密，更要做到有所保密。向他人過度公開個人祕密的人，往往會因此吃大虧。世界上的事情沒有固定不變的，人與人之間的關係也不例外。今日為朋友、明日成敵人的事例屢見不鮮。你把自己的祕密完全告訴別人，一旦兩人感情破裂，對方不僅不會為你保密，還會將所知的祕密作為你的把柄。到時，後悔也來不及了。

如果你是職場中人，你將自己的祕密告訴同事，在關鍵時刻，他可能會拿你的祕密作為武器回擊你，使你在競爭中失敗。他將你不光彩的祕密說出來，致使你的競爭力大大削弱。

自己的祕密不要輕易示人，守住自己的祕密是對自己的尊重，是對自己負責的一種行為。

羅曼・羅蘭說：「每個人的心底都有一座埋藏記憶的小島，永不向人打開。」

馬克・吐溫也說過：「每個人像一輪明月，他呈現光明的一面，但另有黑暗的一面從來不會讓別人看到。」

每一個人都有自己的隱私，一般總是那些令人不快、痛苦、悔恨的往事。比如戀愛的破裂、夫妻的糾紛、事業的失敗、生活的挫折……這些都是自己過去的事情，不可輕易示人。

要知道，祕密只能獨享，不能作為禮物送人。再好的朋友，一旦你們的感情破裂，你的祕密將人盡皆知。到時受到傷害的人不僅是你，還有祕密中牽連到的所有人。

不相信任何人和相信任何人同樣是錯誤的。不相信任何人，無疑是自我封閉，永遠得不到別人的友誼和信任。而相信任何人，則屬幼稚無知，終將吃虧上當。

第三章

方圓有度，知進退者輕取天下

《菜根譚》云：「人情反覆，世路崎嶇。行不去處，須知退一步之法；行得去處，務加讓三分之功。」由此可知，進退之道並不是一成不變的，暫時的妥協不過是為了將來的強硬。以迂為直，退才能進。

功高震主，讓名遠害

在功績面前沾沾自喜，難以把持住自己，這是人類天生的弱點，也是招致災禍的常見原因；保持冷靜的態度，謙虛處世、低調做人就會增大生活中安全係數，減少別人嫉恨和打擊你的可能。

西漢宣帝劉詢當政時，渤海（今河北滄州一帶）及鄰近各郡發生饑荒，盜賊蜂起，郡太守們不能夠制止。宣帝要選拔一個能夠治理的人，丞相和御史都推薦龔遂可以委用，宣帝就任命他為渤海郡太守。

當時龔遂已經七十歲了。皇上召見時，見他身材矮小，其貌不揚，不像所聽說的那麼有本事的樣子，心裡頗看不起他，便問道：「你能用什麼法子平息盜寇呀？」

龔遂回答道：「遼遠海濱之地，沒有沐浴皇上的教化，那裡的百姓處於飢寒交迫之中而官吏們又不關心他們，因而那裡的百姓就像是陛下的一群頑童，偷拿陛下的兵器在小水池邊舞槍弄棒一樣打鬥了起來。現在陛下是想讓臣把他們鎮壓下去，還是去安撫他們呢？」

宣帝一聽他講這番道理，便神色嚴肅起來，說：「我選用賢良的臣子任太守，自然是想要安撫百姓的。」

龔遂說：「臣下聽說，治理作亂的百姓就像整理一團亂繩一樣，不能操之過急。臣希望丞相、御史不要以現有的法令一味束縛我，允許臣到任後諸事均根據實際情況由臣靈活處理。」宣帝答應了他的請求，並派驛傳將龔遂送往渤海郡去。

郡中官員聽說新太守要來上任，便派軍隊迎接、護衛。龔遂把他們都打發回去了，並向渤海所屬各縣發布文告：將郡中追捕盜賊的官吏全部撤免，凡是手中拿的是鋤、鐮等農具的人都是良民，官吏不得拿問，手中拿著兵器的才是盜賊。龔遂單獨乘驛車來到郡府。鬧事的盜賊們知道龔遂的教化訓令後，立即瓦解散夥，丟掉武器，拿起鐮刀、鋤頭種田了。

經過幾年治理，渤海一帶社會安定，百姓安居樂業，溫飽有餘。龔遂也因此名聲大振。

於是，漢宣帝召他還朝，他有一個屬吏王先生，請求隨他一同去長安，說：「我對你會有好處的！」其他屬吏卻不同意，說：「這個人，一天到晚喝得醉醺醺的，又好說大話，還是別帶他去為好！」龔遂說：「他想去就讓他去吧！」

到了長安後，這位王先生終日還是沉溺在醉鄉之中，也不見龔遂。可是有一天，當他聽說皇帝要召見龔遂時，便對看門人說：「去將我的主人叫到我的住處來，我有話要對他說！」一副醉漢狂徒的嘴臉，龔遂也不計較，還真來了。

王先生問：「天子如果問大人如何治理渤海，大人當如何回答？」

龔遂說：「我就說任用賢才，使人各盡其能，嚴格執法，賞罰分明。」

王先生連連擺頭道：「不好！不好！這麼說豈不是自誇其功嗎？請大人這麼回答：『這不是小臣的功勞，而是天子的神靈威武所感化！』」

龔遂接受了他的建議，按他的話回答了漢宣帝，宣帝果然十分高興，便將龔遂留在身邊，任以顯要而又輕閒的官職。

龔遂之所以得到了皇帝的「甜頭」是因為他沒有耍「個人英雄主義」，聽從了下屬的建議，自己沒有「出風頭」，而是巧妙地把功勞推給了上司，上司怎能不高興！

喜好虛榮，愛聽奉承話，這是人類天性的弱點，作為一個萬人注目的帝王更是如此。有功歸上，正是迎合這一點，因此是討好上級、固寵求榮屢試不爽的法寶。

西晉初年，名將王濬於西元二八〇年巧用火燒鐵索之計，滅掉了孫吳。分裂的局面至此方告結束，國家重新歸於統一，王濬的歷史功勳是不可埋沒的。

豈料王濬克敵制勝之日，竟是受讒遭誣之時。安東將軍王渾以不服從指揮為由，要求將他交司法部門論罪，又誣告王濬攻入建康之後，大量搶劫吳宮的珍寶。

這不能不令功勳卓著的王濬感到畏懼。當年，消滅蜀漢、收降後主劉禪的大功臣鄧艾，就是在獲勝之日被讒言誣陷而死。他害怕重蹈鄧艾的覆轍，便一再上書，陳述戰場的實際狀況，辯白自己的無辜，晉武帝司馬炎倒是沒有治他的罪，而且力排眾議，對他論功行賞。

可是王濬每當想到自己立了大功，反而被豪強大臣所壓制，一再被彈劾，便憤憤不平。每次晉見皇帝，都一再陳述自己伐吳之戰中的種種辛苦以及被人冤枉的悲憤，有時感情激動，也不向皇帝辭別，便憤憤離開朝廷。他的親戚范通對他說：「足下的功勞可謂大了，可惜足下居功自傲，未能做到盡善盡美！」

王濬問：「這話什麼意思？」

范通說：「當足下凱旋歸來之日，應當退居家中，再也不要提伐吳之事，如果有人問起來，你就說：『是皇上的聖明，諸位將帥的努力，我有什麼功勞可誇的！』這樣，王渾能不慚愧嗎？」

王濬按照他的話去作了，讒言果然不止自息。

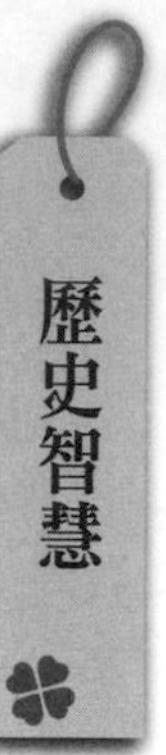

做臣下的，最忌諱自伐其功，自矜其能。凡是這種人，十有九個要遭到猜忌而沒有好下場。

當年劉邦曾經問韓信：「你看我能帶多少兵？」

韓信說：「陛下帶兵最多也不能超過十萬。」

劉邦又問：「那麼你呢？」

韓信說：「我是多多益善。」這樣的回答，劉邦怎麼能不耿耿於懷！

經驗告訴我們，有時立了功，也許是很危險的事情。

上司替你安個「居功自傲」的罪名把你滅了，正中嫉妒你眼紅你的人心。你不了解這種孤立無援的後果是不能自保的。自以為有功便忘了上級，總是討人嫌的，特別容易招惹上司和君上嫉恨。自己的功勞自己表白雖說合理，但卻不合人情的捧場之需，而且是很危險的事情。把功勞讓給上司，是明智的捧場，穩妥的自保。

有進亦有退，方為成事之道

進退有度，是歷史潛規則中最難領會的部分之一。如何做到該進時長驅直入，該退時讓人一步，就需要高人一籌的智慧。

戰國時，有一次趙王派了孔青帶領大軍救援廩丘。孔青是員猛將，加上足智多謀的甯越輔佐，所以趙軍一戰大敗齊軍，擊斃了齊軍統帥，並俘獲戰車兩千輛。戰場上留下了三萬具齊軍屍體，孔青決定把這些屍體封土堆成兩個大高丘，以此彰明趙國的武功。

甯越勸阻道：「這樣做太可惜了，那些屍體可以另有用處。我看不如把屍體還給齊國人。這樣做可以從內部打擊齊國，從而讓齊軍不再侵犯！」

「死人又不可能復活，怎麼能從內部打擊齊國呢？」孔青想不通了。

甯越說：「戰車和鎧甲在戰爭中喪失殆盡，府庫裡的錢財在安葬戰死者時用光了，這就叫做從內部打擊他們。我聽說，古代善於用兵的人，該堅守時就堅守，該進退時就進退。我軍不如後退三十里，給齊國人一個收屍的機會。」

孔青大致明白了甯越的用意，但轉念一想，又說：「但是，齊國人如果不來收屍的話，那又該怎麼辦呢？」

「那就更好了，」甯越胸有成竹地說，「作戰不能取勝，這是他們的第一條罪狀；率領士兵出國作戰而不能使之歸來，這是他們的第二條罪狀；給他們屍體卻不收取，這是他們的第三條罪狀。老百姓將會因為這三條而怨恨齊國的高級將領。居於高位的人也就無法役使下面的人，而下面的人又不願侍奉居於上位的人，這就叫做雙重打擊齊國！」

「好，還是您技高一籌啊！」孔青終於完全理解了甯越的良苦用心。

果然不出甯越所料，齊國因此元氣大傷，很長一段時間不能對外用兵。

歷史智慧

甯越的主張看起來好像並不是那麼咄咄逼人，相反，似乎還有點軟弱，是在向齊國讓步。殊不知，這「讓步」裡面卻大有文章，表面上的退步其實換取的是更大的進步。

有進有退，能屈能伸，這是成功的必要條件。那種一往無前、有進無退的人僅僅是村夫莽漢，表面上英勇，實則是成事不足、敗事有餘。

飛鳥盡，良弓藏

卸磨殺驢，兔盡殺鷹，似乎成了統治者們慣用的一條潛規則。身為下屬，只有洞察其中的利害，進退有度，才能獲得完滿。

韓信是淮陰人。當他還是老百姓時，貧困而行為放蕩，曾受過胯下之辱。他在項羽部下得不到重用，便離開楚國，後受到蕭何極力舉薦，歸附了劉邦。

劉邦大喜，親自齋戒，設拜壇，按照拜將的禮儀任命韓信為大將。從此韓信屢建戰功，為劉邦奪取天下、開創漢代基業立下了赫赫戰功。但是由於劉邦對韓信有戒心，再加上韓信本人又放蕩不拘，居功自傲，最終招來殺頭和誅滅九族的橫禍。

當韓信戰功赫赫之際，齊國人蒯徹深信韓信是決定天下局勢的一個關鍵性人物，打算拉攏韓信，於是對韓信說：「當今，劉邦、項羽兩主的命運取決於你。」

「你為漢盡力則漢勝，為楚效力則楚勝。依我之見，你不如利用劉、項雙方的力量，讓他們並鬥，與他們三分天下，鼎足而立。在這樣的形勢下，憑著你的賢明，又有眾多的軍隊，據有富強的齊國，脅制燕國和趙國，你出兵於劉、項兩家軍事薄弱之地而制其後，順應民情，為百姓搏命，則天下聞風而動，誰敢不從……願足下再三思之。」蒯徹勸道。

然而韓信因感念劉邦的優厚待遇，聽不進蒯徹的勸告。

幾天之後，蒯徹又來勸說韓信。韓信仗著自己是有功之臣，料想漢王不至於奪去他的齊國，毅然辭退了蒯徹。蒯徹遊說無結果，便裝神弄鬼當巫師去了。

項羽的逃將鍾離昧向來與韓信相好。項羽稱王後，鍾離昧投奔韓信。但劉邦恨鍾離昧，下令捉拿他。

後來，有人在劉邦那裡告發韓信謀反，劉邦設計陷害韓信。韓信走到楚國地界，心裡猶豫不定，想謀反但覺得自己並沒有罪，不必出此下策；想拜見劉邦又怕被生擒。

這時有人告訴韓信可殺掉鍾離昧去見劉邦，以免禍及自身。韓信便與鍾離昧相商。鍾離昧說：「漢王之所以襲擊楚國，是因為我在你這裡的緣故。」語畢遂自刎而死。

韓信捧著鍾離昧的首級去見漢王。漢王令武士把韓信綁了。韓信說：「果然像人們所說『狡兔死，走狗烹；飛鳥盡，良弓藏；敵國破，謀臣亡』。如今天下已定，我當然應遭烹殺。」事後雖然漢高祖劉邦赦免了韓信，但對他仍心存戒備。

從此以後，韓信怏怏不樂，並不屑與周勃、穎陰侯灌嬰等同列一等。於是，韓信便與鉅鹿郡守商議謀反。最終劉邦親自帶兵討伐，呂後設計殺了韓信。

劉邦在秦末社會動盪中原逐鹿時，拍胸脯，講義氣，守信用，利用張良、蕭何、韓信三傑取得天下。稱帝後卻一反常態，嫉賢妒能，枉殺功臣。第一個處決的就是曾與他結下盟約「信不負漢，漢不負信」，為建立劉氏江山出生入死、掃平群雄的韓信。

劉邦對韓信的不放心由來已久，韓信傑出的軍事才能，令他驚、令他怕，可是，在和項羽激烈的征戰中，韓信是他制勝的王牌。因此，他一直將對韓信的疑懼藏在心底，不敢流露。如今，項羽被消滅了，他的皇帝寶座坐穩，便開始著手收拾韓信了。

韓信沒有學到立身處世之道，又高估了自己的功勞，在天下大局已定之際，不知道功成身退，還參與謀反，所以「狡兔死，走狗烹；飛鳥盡，良弓藏」也是必然的結局。我們應當引以為戒。

與人無爭，無人能與之爭

與人無爭，與世無爭，看似一種消極的避世思想和無奈的做法，但實際上恰到好處的「與人無爭」，是一種恬和沖淡的心態，一種知曉進退規則之後的釋然。

王秀之，字伯奮，琅邪臨沂（今山東臨沂北）人。他從小的時候就深受家中明哲保身思想的影響。他的祖父王裕，曾任南朝劉宋左光祿大夫，儀同三司。父親王瓚之，曾任金紫光祿大夫。

王裕當官的時候，徐羨之、傅亮是朝中權臣，王裕卻不與他們往來。後來，徐羨之、傅亮因權重被皇帝所殺，王裕沒有受到牽連。

王裕辭官後，隱居吳興，給他的兒子王瓚之寫信說：「我希望你處於與人無爭無競之地。」

王瓚之遵循父親的教導，雖然做到了工部尚書這樣的官，卻始終沒有巴結一個朝中權貴。

父祖的影響、家庭的薰陶使王秀之也養成了一種不媚上、不貪利的品格。

南朝劉宋時，王秀之任著作佐郎，太子舍人。當時褚淵任吏部尚書，深受宋明帝的信任，百官也非常敬佩他。每次朝會，公卿官僚以及外國使節，無不對他延首目送。

褚淵看到王秀之氣度優雅，神情秀逸，很喜歡他，想讓他成為自己的女婿。吏部尚書在當時專管官吏的考核、獎懲、提拔，權力很大。做吏部尚書的女婿，正是一般人求之不得的事。然而，王秀之卻不肯為了升遷而違背家訓，因此沒有答應。於是，他長期只是擔任下級官吏。

後來，王秀之做了太子洗馬，桂陽王劉休範想徵召他任司空從事中郎。當時正值明帝剛死，劉休範自認為是宗親長者，想要爭奪到輔政大臣這個職位。可是輔政大臣這個職位最終落入他人的手中。劉休範心裡滿懷著怨恨，於是在自己的駐地裡招募勇士，修繕器械，廣羅士人，準備起兵反叛。

王秀之察覺到劉休範的反叛意圖，他知道劉休範遲早要起兵造反，於是他就推說他自己有病，沒有應召前往。

劉宋末年，王秀之擔任晉平太守之職。

晉平這塊地盤很富裕。在這裡當官的人可以得到很多好處，油水很多。可是王秀之在這裡剛剛任職滿一年，就對別人說：「這個地方很富饒，我已經在這裡得到很多好處了。我所得到的俸祿已經足夠了，怎麼能夠長久地停留在這裡做官而妨礙國家招納賢士呢？」

他於是上表朝廷，請求讓別人來代替自己，被人稱為「恐富求歸」的太守。

南朝蕭齊時，王秀之擔任太子中庶子、吏部郎，又出任義興太守，遷職為侍中祭酒，後來又轉任都官尚書。

在他擔任尚書時，他的頂頭上司是王儉，但是王秀之從來就沒有與王儉過分親密。

做人處事，最難修煉的是一種平和的心態。事物的發展有其內在的規律，人為的痕跡太重，很容易事與願違。王秀之的可貴之處在於堂堂正正做人，老老實實做事，無論是做小官還是赴重任，都不卑不亢，不媚上、不欺下，有道是「心底無私天地寬」。

權力場上變化無常，欲免於憂患，應保持一種淡泊的心情。權力常常是求而不得，不求卻自然而來。「與人無爭」說到底是智慧的「退」，而「無人能與之爭」則是聰明的「進」。

退而不隱，強而不顯

事物完美後就必然轉向缺損，極端就必然轉向反面，盈滿後就必然轉向虧失。懂得「退而不隱，強而不顯」，方能保持常盛不衰。

清代中興名臣曾國藩最懂保身之道。攻下金陵之後，曾氏兄弟的聲望，可說是如日中天，達至極盛，曾國藩被封為一等侯爵，世襲罔替；其弟曾國荃也被封為一等伯爵。所有湘軍大小將領及有功人員，莫不論功封賞。

當時湘軍人物官居督撫位子的便有十人，長江流域的水師，全在湘軍將領控制之下，曾國藩所保奏的人物，無不如奏授官。

但樹大招風，朝廷的猜忌與朝臣的妒忌隨之而來。

曾國藩說：「長江三千里，幾無一船不張鄙人之旗幟，外間疑敝處兵權過重，權力過大，蓋謂四省鳌金，絡繹輸送，各處兵將，一呼百諾，其相疑者良非無因。」

頗有心計的曾國藩應對從容，馬上就採取了一個裁軍之計。他在戰事尚未結束之際，即計畫裁撤湘軍。他在兩江總督任內便拚命籌錢。兩年之間，共籌到五百五十萬兩白銀。錢籌好了，辦法擬好了，戰事一結束，便即宣告裁兵。不要朝廷一文，裁兵費早已籌妥了。

同治三年六月，湘軍攻下南京，取得勝利。七月初旬，曾國藩便下令開始裁兵，一月之間，首先裁去兩萬五千人，隨後也略有裁遣。

世上的一切事物，認真去思索，都有其規律可循。月不總圓，花不總紅，物極必反。曾國藩深諳此道。所以，當他功成名就封為一等侯爵，世襲罔替之時，他怕樹大招風，引起朝廷猜忌，怕人說他擁兵自重，所以，自己先行一步自我裁軍。這一計謀，果然奏效，朝廷不再顧慮，曾氏家族也求得了安定。退而不隱，強而不顯，大智慧者往往掌握了以退為進的秘訣，為眾人敬仰。

護上匿功，為下掩惡的人生智慧

對有智慧的人說智慧，對愚蠢的人說愚蠢，用愚蠢來掩飾智慧，用智慧來停止智計，這是真正的智慧。

漢武帝晚年時，宮中發生了誣陷太子的冤案。當時，太子的孫子剛剛生下幾個月，也遭株連被關在獄中。丙吉在參與審理此案時，心知太子蒙冤，他幾次為此陳情，都被武帝喝斥。他於是在獄中挑選了一個女囚負責撫養皇曾孫，自己也對其多加照顧。

丙吉的朋友生怕他為此遭禍，多次勸他不要惹火燒身，並且說：「太子一案，是皇上欽定，我們避之尚且不及，你何苦對他的孫子優待有加？此事傳揚出去，人們只怕會懷疑你是太子的同黨了，這是聰明人做的事嗎？」

丙吉臉現慘色，卻堅定地說：「做人不能處處講究心機，不念仁德。皇曾孫只是個娃娃，他有什麼罪？我這是看到不忍心才有的平常之舉，縱使惹上禍患，我也顧不得了。」

後來武帝生病臥床，聽到傳言說長安獄中有天子之氣，於是下令將長安的罪囚一律處死。使臣連夜趕到皇曾孫所在的牢獄，丙吉卻不放使臣進入，他氣憤道：「無辜者尚不致死，何況皇上的曾孫呢？我不會讓人們這樣做的。」

使臣不料此節，後勸他道：「這是皇上旨意，你抗旨不遵，豈不是自尋死路？太愚蠢了。」

丙吉誓死抗拒使臣，他決然說：「我非無智之人，這樣做只為保全皇上的名聲和皇曾孫的性命。事急如此，我若稍有私心，大錯就無法挽回了。」

使臣回報漢武帝，漢武帝長久無聲，後長歎說：「這也許是天意吧。」

他沒有追究丙吉的事，反而因此對處理戾太子事件有了不少悔意。他下詔大赦天下罪人，丙吉所管的犯人都得以倖存。

多年之後皇曾孫劉詢當了皇帝，是為宣帝。丙吉絕口不提先前他對宣帝的恩德。知曉此情的丙吉家人曾對他說：「你對皇上有恩，若是當面告知皇上，你的官位必會升遷。這是別人做夢都想得到的好事，你怎麼能閉口不說呢？」

丙吉微微一笑，歎息說：「身為臣子，本該如此，我有幸回報皇恩一二，若是以此買寵求榮，豈是君子所為？此等心思，我向來絕不慮之。」

後來宣帝從別人口中知曉丙吉的恩情，大為感動，夜不能寐，敬重之下，他封丙吉為博陽侯，食邑一千三百戶。

丙吉出任丞相時，寬懷大度，隱惡揚善，性喜辭讓。有人獲罪或失職，只要不是大的過失，他只讓人放長假，讓他們自動去職，從不嚴辦。有人責怪他縱容失察，他卻回答說：「查辦屬官，不該由我出面。若是三公只在此糾纏不休，親歷親為，我認為是羞恥的事。何況容人乃大，一旦事事計較，動輒嚴辦，也就有違大義了。」

有次一位平日好酒的馭吏為他駕車，竟因醉酒把污物吐在丙吉的車上。主管官吏大怒，決定開除他。丙吉卻不計較：「他不過是喝醉忍不住，若因此把他開除，他能何處容身呢？包容他吧！只是弄髒了車上的一個墊褥罷了。」於是馭吏得以留下來。他對丙吉的寬厚，很是感激。

一次外出，一騎兵從馭吏身邊騎馬飛快而過，馭吏一看就知道此人是來自邊境的報警者，因這騎兵背的是紅白公文袋，說明他是去傳送緊急公文的。馭吏馬上機警地跟著那騎兵，追到軍事衙門打探。很快就得知敵人到了邊境，已入侵到雲中郡和代郡了。

馭吏急忙回相府，報告了丙吉，提醒丙吉，好作應對。丙吉急忙吩咐查閱邊境官員檔案因應準備，落實備戰。事情還未處理完，丙吉就接到皇帝的詔令，漢宣帝向大臣詢問邊境的緊急軍情。當時御史大夫倉促不能詳而被責，可丙吉對邊境情況卻都能一一作答，得到了宣帝的讚許，認為丙吉憂懷邊防，克盡職守。

事後丙吉感慨地說：「士沒有不可容忍的人，他們各有所長。假如我不是先聽到馭吏的勸告，怎麼可能被皇帝稱讚呢？」

還有一次，丙吉在巡視途中見有人群毆，許多人死傷在地，丙吉問也不問，只顧前行。看見有牛伸舌粗喘，他竟上前仔細察看，很是關心。

他的屬官大惑不解，以為他不識大體，丙吉解釋說：「智慧不能亂用亂施，否則就無所謂智慧了。懲治狂徒，確保境內平安，那是地方長官之事，我又何必插手親自管理？現在正是初春，牛口喘粗氣，當為氣節失調，如此百姓生計必定會受到傷害，這是關係天下安危的事，我怎能漠視不理？看似小事，其實是大事，身為宰相，只有抓住要領，才能不失其職。」

丙吉的屬官恍然大悟，深為嘆服。那些誤解丙吉的人更是自愧不已，暗自責備自己的淺薄和無知。

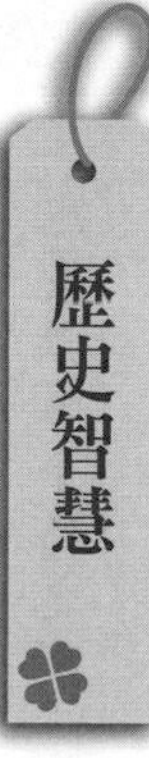

丙吉性情溫和，從不顯智耀能，不知情者以為他軟弱好欺，並無真才實學，他也從不放在心上，也不會因此改變心意。

丙吉的識大體，上不居功，對下寬宏大度，是一個人克制智慧，潛藏智慧，進而慎使智計的境界，他的智慧才是最無缺的，才能在任何形勢下應對自如，屹立不倒。

留得青山在，不怕沒柴燒

留得青山在，不怕沒柴燒。在進退之間果斷地選擇退而自保，以期東山再起，是人生一大策略。

武則天十四歲時，已是豔名遠播，她被唐太宗李世民召入宮中，封為才人，唐太宗十分寵愛她，稱她為「媚娘」。

不久，人們盛傳唐朝將遭受「女禍」之亂，且公開言及這個女人姓武。宮中觀測天象的大臣面諫唐太宗說：「帝星晦暗，女主環伺。這個女人看來已在宮中，陛下為了確保江山永固，應當查出此人，以絕後患。」

唐太宗心有震動，但並未深信，他對言事的大臣說：「此事非同小可，不能隨便亂說。若有偏差，朕豈不遭人指責？」

然而這個說法越來越盛，許多大臣紛紛上奏，有的竟出語尖刻道：「天象已顯，此是上天示警，陛下怎能視而不見呢？此事關係大唐江山存亡，縱使牽扯無辜，也是無可奈何之事，陛下決不可掉以輕心，遺下大患。」

見群臣如此鄭重其事，唐太宗也重視起來，不敢怠慢了。他命人暗中把姓武之人逐一檢點，不惜找藉口或逐或廢，一時搞得人心惶惶，武姓之人更是人人自危。

武則天陪伴唐太宗左右，她嬌媚可人，很會討唐太宗的歡心。唐太宗對她十分鍾愛不忍處置她。

有人上奏唐太宗說：「武媚娘雖是年少性純，但她終究是大嫌，陛下應當立即下決心，把她廢除，宮中才可得保平安。」

唐太宗認為武則天少不更事，對他人的勸諫只是一笑，他還對武則天開玩笑說：「你這個小妮子，嬌媚單純，若說你為女禍之主，誰會相信呢？」

武則天撒嬌道：「他人胡說，陛下英明，自然會保全妾身了。妾永遠忠於陛下，天日可表。」

武則天暗感兇險，她處處討好唐太宗，鞏固其地位，又私下和太子李治示好，作為以後的依靠。

唐太宗將死之時，有的大臣重提舊事，進諫說：「女禍之事，不可不妨。如今武媚娘年紀漸長，陛下百年之後，她貴為陛下的舊人，他人就難以治御了。」

唐太宗為了子孫後代著想，也慎重起來，他開始打算除去這塊心病了。

一日，唐太宗對武則天說：「朕病得很重，想必不久於人世了。你在朕身邊多時，朕實不忍心棄你而去。朕死之後，你將如何自處呢？」

武則天聽出了唐太宗的話外之音，她為了保全性命，這時機智答道：「妾深受大恩，本該一死報答。不過聖上雖染疾患，但終究有望痊癒，請讓妾削髮為尼，長齋拜佛，到尼姑庵去日日拜祝聖上長壽，求取上天賜福。」

唐太宗本想處死武則天，這時聽她說出家為尼，於是動了不忍之心。他自忖武則天當了尼姑，也就不能為患了。唐太宗答應了武則天的請求，和武則天相好的太子李治卻痛惜不已，他私下對武則天埋怨說：「你我海誓山盟，難道你都忘了嗎？父皇時日無多，我們不久就可長相廝守，你為什麼把這一切都輕易放棄了呢？」

武則天垂淚道：「皇上對我疑心沒有去除，我若不拋棄一切，自請歸入佛門，那就必死無疑了。我雖然捨不得眼前的榮華，可是不這樣做，命都不保，又拿什麼來談將來呢？只要太子對我仍有情意，我總會有出頭之日啊。」

李治敬佩武則天的才智，他含淚點頭，發誓說：「我若辜負了你，天地不容。」

後來李治登基，武則天被他接入宮中，寵愛無比。武則天從此干預朝政，最終成為一代女皇。

歷史智慧

無端的陷害隨處不在，沒有人能夠永遠躲避。在陷害面前，如果無法解脫，就應該捨棄既得的利益而保住自己的根本了。這是明智者的聰明抉擇，也是以退求進的處世之法。把利益拋出，損失雖然慘重，但不足以致命；有了利益的犧牲，害人者才會有所滿足，或許會罷手。俗話說，「留得青山在，不怕沒柴燒」，只要保全根本，就不是最壞的結果。

退避三舍，後發制人

和「先下手為強」相比，後發制人也有其存在的道理，後發制人，更講究多種因素的完備。

西元前六三五年，楚軍攻打宋國，宋國慌忙向晉國求救。晉文公決定攻打剛剛臣服楚國的曹、衛兩國，以吸引楚軍，解宋國之圍。

楚成王聽說晉國要滅曹、衛兩國，心中大驚，急忙命令大將成子玉迅速撤離宋國。成子玉驕橫自負，在停止攻宋之後，轉而向晉軍進攻。

晉文公明令軍隊退避三舍，到達城濮駐紮。晉軍求戰心切，見自己現在要後撤，心中大為不平。晉文公重耳面對強大的楚軍，勝負難料，因此在指揮上猶豫不決。

這時，大臣狐偃讓將士們稍安勿躁，先退避三舍。並解釋說這樣做，一可以實現國君當年諾言，二可以避開楚軍銳氣，待其鬥志鬆懈時再與之交戰，這樣會更有勝利的把握。晉軍明白了退軍的用意，上下同仇敵愾，決心嚴陣以待，奮勇殺敵。將士們的高昂鬥志也堅定了晉文公取勝的信心。

楚將成子玉將楚軍和陳、蔡兩國軍隊分為三隊，氣壯如牛地說：「現在是打敗晉軍、滅亡晉國的時候了！」

兩軍開始對陣列勢。晉軍採取先弱後強的戰略，先由下軍列將胥臣向楚軍右翼進攻，因為右翼是由陳、蔡聯軍組成，戰鬥力比較弱。果然不出所料，楚軍右翼經晉軍的戰馬一衝擊，立即驚慌失措，棄陣而逃。

晉軍上軍主將狐毛假充中軍，豎起兩面軍旗（當時只有中軍才有兩面旗幟），佯裝退兵。晉下軍主將欒枝也在戰車上拖著樹枝，揚起塵土，偽裝敗逃。楚軍以為晉軍主帥敗退便驅車追殺，被晉中軍主將先軫攔腰衝殺。楚左軍也被狐毛、狐偃指揮的上軍擊潰。子玉見勢不妙，慌忙鳴金收兵。這一仗楚軍幾乎全軍覆滅，子玉後來在退兵途中被迫自殺。

退避三舍之退，不是消極地退、被動地退，而是主動地退。透過退讓而尋找進的機會，積累進的力量。所以，有經驗的謀略家首先算的是政治帳和全域帳，是不以初次交手的形勢去論高說低的。

退避三舍、後發制人在軍事上、政治上是常用的韜略。對敵作戰，待敵先發，而己後發，敵之企圖就會充分暴露，自己就可避敵所長，乘敵所短；在政治上，和對手角逐，後發制人較容易贏得民心，動員群眾，取得同情和援助，在道義上立於不敗之地。

在今天激烈的市場競爭中，許多企業經營者推崇「先發制人，後發制於人」的用兵原則，力爭搶先行動，先變於人，從而取得了巨大的成功。但也有一些企業經營者，持重待機，後人而發，卻也克敵制勝，成就非凡。

歷史智慧

後發的行動要有計劃、有目的，胸有成竹，一切在我掌握之中。雖發於後，但要想在前，備於先。後發制人應相機而動，不可拘泥於一法。

該進則進，當退則退

該進則進，當退則退，聰明人都知曉進退時機和尺度的把握。當退不退，對人於己都沒有好處。

幾個世紀以來，米提人一直在亞述人的統治之下。西元前八世紀，米提人終於奮起反抗，獲得了自由，並建立了新的政權。

但是，長久以來受統治和折磨的米提人為了避免專制，拒絕將權力託付給任何人，他們也不願意把希望寄託在某一個人身上。國家很快陷入了混亂，紛爭四起，不久便分裂成了好幾個小王國，各個王國之間爭戰不休。原有的法律在混亂狀態下已經不起作用了，人們找不到一個可以約束社會的規則。

在這種情況下，有一個名叫狄奧西斯的人，以公正的判決及解決糾紛的本事開始嶄露頭角。他總是以公正的姿態出現在大家面前，人們遇到任何法律糾紛都會請他　明解決，他的權力也變得越來越大了。

出乎人們意料的是，有一天，位於權力巔峰的狄奧西斯卻突然引退了。整個社會迅速回到以前的無政府狀態，一切約束又不復存在，犯罪率遽增，對法律的踐踏愈演愈烈。

於是，困惑的米提人召集所有的城市開會，商討如何走出困境。

「我們需要一個人來統治我們的國家，我們必須有一個秩序井然的政府。」有人說。

他們最希望的統治者是公正的狄奧西斯，但狄奧西斯表示再也不想插手城市之間的戰鬥與爭執。在米提人的再三懇求之下，狄奧西斯最終同意了他們的要求。他住在人民為他建築的宮殿裡，只有幾個重要的人能夠見到他。人們對他的尊敬逐漸轉變成崇拜。他們相信，他並非凡人，而是神的兒子。

在別人拋棄自己之前先行引退需要很大的勇氣。明智的人明白自己應該在什麼時候退出舞臺，不懂得這個進退規則的人就會把自己的一世默默消磨在無聲的歲月之中。

西班牙國王查理五世被人稱為是十六世紀最偉大的統治者。然而，就在他達到權力的巔峰時，突然引退了。這一舉動令所有人迷惑，就因為他這樣的行為，人們一個勁稱讚他的偉大，而忽略了他的過失。在人們眼中，他成了一個完美的聖人。

歷史智慧

世上的一切事物，認真去思索，都有其規律可循。妥善地把握進退的時機及尺度，充分地吸取進退規則的精髓，不失為智者。

別把馬屁拍到老虎屁股上

適時而止是進退的智慧，更是生存於世的一種智慧。許多事成於止，也敗於止。

沈萬三秀是明朝初年江蘇崑山一帶有名的大富翁。他原名沈萬，因當時民間習慣將名門望族中的人稱作「秀」，連上姓名和排行，因此他又被稱為沈萬三秀。

沈萬三秀竭力向剛剛建立的明王朝表示自己的忠誠，拚命地向新政府輸銀納糧，討好朱元璋，想讓他留個好印象。朱元璋於是下令要沈萬三秀出錢修金陵的城牆。沈萬三秀負責的是從洪武門到西門一段，占金陵城牆總工程量的三分之一。可是沈萬三秀不僅按品質提前完了工，而且還提出由他出錢犒勞士兵。

沈萬三秀這樣做，本來也是想討好朱元璋，但沒想到弄巧成拙。朱元璋一聽，當即火了，他說：「朕有百萬雄師，你犒勞得了嗎？」

沈萬三秀沒聽出朱元璋的弦外之音，面對如此詰難，他居然毫無難色，表示：「即使如此，我依舊可以犒賞每位將士銀子一兩。」

朱元璋聽了大吃一驚。在與張士誠、陳友諒、方國珍等武裝割據集團爭奪天下時，朱元璋曾經由於江南豪富支持敵對勢力而吃盡苦頭。現在雖已建國，但國強不如民富，這使朱元璋感到無法忍受。如今沈萬三秀竟然僭越，想代天子犒賞三軍，仗著富有，將手伸向軍隊，更使朱元璋火冒三丈。

但他沒馬上表露出怒意，只是沉默一下，冷言道：「朕自會犒賞軍隊，這事你就不必操心了。」朱元璋決心治治沈萬三秀的驕橫之氣。

一天，沈萬三秀又來大獻殷勤，朱元璋給了他一文錢。朱元璋說：「這一文錢是朕的本錢，你替我去放債。只以一個月作為期限，第二日起至第三十日止，每天取一對合。」所謂「對合」是指利息與本錢相等。也就是說，朱元璋要求每天利息為百分之百，而且是利滾利。

沈萬三秀雖然渾身珠光寶氣，但腹中空空，財力有餘，智慧不足。他心想，這有何難！第二天本利二文，第三天四文，第四天才八文。區區小數，何足掛齒？於是沈萬三秀非常高興地接受了任務。可是，他回家仔細·一算，不由得傻眼了，雖然到第十天本利總共也不過五百一十二文，可是到第二十天就變成了五十二萬四千二百八十八文，而到第三十天也就是最後一天，總數竟高達五億三千六百八十七萬九百一十二文。要交出五億多文錢，沈萬三秀只能傾家蕩產了。

後來，沈萬三秀果然傾家蕩產。朱元璋下令將沈家龐大的財產全部抄沒後，又下旨將沈萬三秀全家流放到雲南邊地。

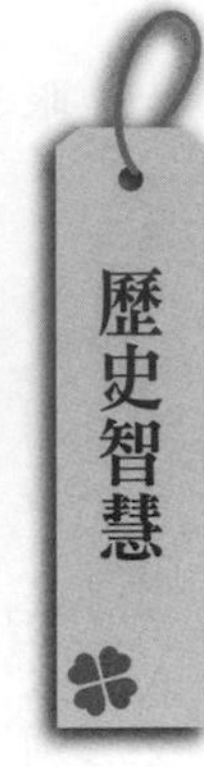

知道適時而止，從而贏得更有利於己的局面。適時而止是有著深刻內涵的，作為一種大智慧，它絕不是簡單的停止。它是一招因時而變、出奇制勝的妙法，也是深諳事理、退中求進的處世哲學。對於只知冒進、急功近利者，止的運用尤顯珍貴。綜觀無數失敗者，他們所缺的並不是智慧，就能說明這一點。

不在其位，不謀其政

君子不在其位，便不謀其政。越權插手，越俎代庖，不是招人嫉恨，便是多事生非。事不出位，要求說話辦事不可超越自己的名分和地位，該說什麼、該做什麼，不該說什麼、不該做什麼，都應以自己的職責為限。謹慎穩重，不要賣弄，防止惹火燒身。

李勣是唐代初年的大將，原名徐世勣，參加過瓦崗軍起兵，失敗後投奔唐朝，任右武侯大將軍，封曹國公，賜姓李。為避唐太宗李世民之諱而改單名勣。唐高宗李治即位後，李勣任司空，為人機巧，行事謹慎。

唐高宗李治想立太子，由於王皇后沒有兒子，武則天卻有，便向大臣們徵求意見。

尚書右僕射褚遂良提議說：「王皇后是世家之女，是先帝為陛下娶的，先帝臨終前拉住陛下的手對大臣們說：『我的好兒子好媳婦，現在託付給你們了。』陛下聽到過這話，至今如在耳畔，沒有聽說王皇后有什麼過錯，怎麼能輕易將她廢除了呢？陛下如果一定要變更皇后，懇請好好選擇天下的望族，何必要選武氏呢？武氏曾經跟隨過先帝，這是眾所周知的，天下眾人的耳目，怎麼能遮擋得住呢？」

韓瑗、來濟也上書李治，力主不選武則天，但高宗聽不進去。

後來，高宗問李勣的看法。李勣生性機巧，心想這個關鍵時刻超越自己本分發表意見，可能招來殺身之禍，廢立皇后成功與否，都與性命有關。同意廢除王皇后，要是不成功，就將得罪王皇后；不同意廢除王皇后，如果武則天被選中，無疑是自投羅網。李勣左思右想，含糊其辭地對高宗說：「這是陛下的家事，有什麼必要問外人呢？」

高宗聽了這話後，立即下定決心，將褚遂良降職為潭州都督，馬上廢除王皇后和蕭淑妃，下令將武則天立為皇后。

武則天當上皇后之後，任用大臣許敬宗，排斥打擊不同意擁立她為皇后的大臣，長孫無忌、褚遂良、韓瑗等一批人或者被貶逐，或者被誅殺。李勣卻因為應付巧妙，不僅避免了禍及自身，並且受到重用，負責審理長孫無忌等人的案子。

在生活中，做好自己的本分就可以了。越權的行為容易替自己招惹不必要的麻煩，做人必須要意識到這一點，不做費力不討好的事情。

孝惠帝劉盈即位二年，相國蕭何病危。孝惠帝親自去相府探病。他俯身病榻，哀傷地詢問蕭何：「相國百歲之後，誰人可代您相位？」

蕭何淡淡一笑：「陛下，知子莫如父，知臣莫如君呀，恐怕陛下自有考慮……」

孝惠帝思忖片刻，試探著問：「您看曹參怎樣？」

蕭何連連點頭道：「陛下慧眼識人哪，有曹參做相國，臣死而無恨，可以瞑目矣！」幾日後，蕭何病故，曹參繼承相位。

曹參當上相國，一切都遵照蕭何制定的法規，絲毫也不加以變更。因此他清閒自在，經常喝酒取樂，消磨時光。臣僚與賓客看見曹參終日飲酒會友，不事朝政，很不放心，便想勸說他。然而剛想張口，就被曹參用酒堵住了，他用酒把客人灌得酩酊大醉，無法再勸說他。

曹參飲酒不務朝政的行為傳到孝惠帝耳朵裡。孝惠帝左右為難，不好直接斥責相國，又不能坐視不管。

一天，孝惠帝找來曹參的兒子，對他說：「相國是不是嫌我年少，不足以言辭？父親剛棄群臣而去，相國日夜飲酒，無所事事，怎麼能負天下如此？你回家將我的意思透露給他，但不要說是我授意你的……」

曹參的兒子回家後，將孝惠帝的話委婉地告訴了父親。曹參頓時暴跳如雷，命令侍衛將兒子鞭笞二百。他怒罵兒子：「天下事不是你們這些孺子所應該說的，趕快滾回宮去當你的中大夫去吧！」

孝惠帝聽說這事後，忙向曹參解釋道：「你怎麼懲治了兒子？是我叫他那樣說的呀！」

曹參脫帽請罪說：「臣明白陛下的心意。請問陛下自以為比高帝如何？」

「我豈敢與先帝相比！」

「陛下以為臣與蕭何比誰賢明些？」

「你不及蕭何！」

「陛下所言極是。高帝與蕭何共定天下，朝政清明，百姓安樂。所定法令深入民心，百官守職。陛下與相國只要繼承先帝的章法，守而不變，遵而勿失，天下則安矣，何必節外生枝？」

孝惠帝忽然明白了曹參的心思，頻頻點頭稱讚他說：「曹相國真忠臣也，可說是蕭規曹隨啊！」

歷史智慧

識時務者為俊傑。做事情一定要搞清楚當時的大背景，理順身邊的小環境，然後因地制宜，擺正自己的位置去做事。該做什麼，不該做什麼，心中一片了然。不知天高地厚，總想快速出「政績」，往往適得其反，南轅北轍。

學會繞圈子，是一種圓熟之道

我國傳統文化，是很講究繞圈子的。尤其是在舊中國的官場「伴君如伴虎」，不懂得「繞圈子」，就很容易吃虧，深諳此道的人才可能左右逢源。

漢元帝劉奭上臺後，將著名的學者貢禹請到朝廷，徵求他對國家大事的意見。這時朝廷最大的問題是外戚與宦官專權，正直的大臣難以在朝廷立足，對此，貢禹不置一詞，他可不願得罪那些權勢人物。

貢禹只給皇帝提了一條，即請皇帝注意節儉，將宮中眾多宮女放掉一批，再少養一點馬。其實，漢元帝這個人本來就很節儉，早在貢禹提意見之前已經將許多節儉的措施付諸實施了，其中就包括裁減宮中多餘人員及減少御馬，貢禹只不過將皇帝已經做過的事情再重複一遍，漢元帝自然樂於接受。於是，漢元帝便博得了納諫的美名，而貢禹也達到了迎合皇帝的目的。

《資治通鑑》的作者司馬光對貢禹的這種做法很不以為然，他批評：忠臣服侍君主，應該尋求解決國家所面臨的最困難的問題，其他較容易的問題也就迎刃而解了；應該補救主上的缺點，這樣優點不用說也會得到發揮。

司馬光認為，當漢元帝即位之初，向貢禹徵求意見時，他應當先國家之所急，其他問題可以先放一放。就當時的形勢而有，皇帝優柔寡斷，讒佞之徒專權，是國家亟待解決的大問題，但對此貢禹一字不提。恭謹節儉，是漢元帝的一貫心願，貢禹卻說個沒完沒了，這算什麼？如果貢禹不了解國家的問題，他算不上什麼賢者，如果知而不言，罪過就更大了。

然而，司馬光可能忽略了，古代的帝王在即位之初或某些較為嚴重的政治關頭，時常會下詔求諫，讓臣下對朝政或他本人提意見，表現出一副棄舊圖新、虛心納諫的樣子，其實這大多是一些故作姿態的表面文章。

有一些實心眼的大臣十分認真，不知輕重地提一大堆意見，這時常招來嫉恨，埋下禍根，早晚會受到帝王的打擊報復。

但貢禹十分精明，他專揀君上能夠解決、願意解決，甚至正在著手解決的問題去提，而迴避重大的、急需的、棘手的問題，這樣避重就輕，避難從易，避大取小，既迎合了上意，又不得罪人，表明他「繞圈子」的技巧已經十分圓熟老道了。

相反，大凡那些喜歡直來直去，不會「繞圈子」的人，反倒會常常吃虧。

明代嘉慶年間，「給事官」李樂清正廉潔。有一次他發現科考舞弊，立即寫奏章給皇帝，皇帝對此事不予理睬。他又面奏，結果把皇帝惹火了。嘉慶以故意揭短罪，傳旨在李樂的嘴巴上貼上封條，並規定誰也不准去揭。

封了嘴巴，不能進食，就等於給他定了死罪。這時，旁邊站出一個官員，走到李樂面前，不分青紅皂白，大聲責罵：「君前多言，罪有應得！」一邊大罵，一邊啪啪地打了李樂兩記耳光，當即把封條打破了。由於他是幫助皇帝責罵李樂，皇帝當然不好怪罪。

其實此人是李樂的學生，在這關鍵時刻，他「曲」意逢迎，巧妙地救下了自己的老師。如果他不顧情勢，犯顏「直」諫，非但救不了老師，自己怕也難脫連累。這個方法的使用真是巧妙至極。李樂不懂得人與人之間「潤滑當先」的道理，比自己的學生還差了一大截。

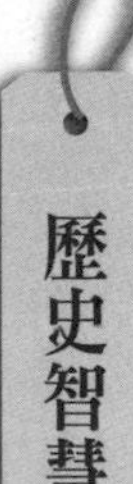

歷史告訴我們，古代的帝王就算下詔求言，讓臣下對朝政提出諫言，表現出棄舊圖新的虛心形象，常只是表面文章。若不知輕重地犯顏直諫，常招來嫉恨，埋下禍根，早晚會受到帝王的打擊、報復。

因為你針鋒相對地進行爭執和批駁，對方很難從內心真正接受，還可能使自己「惹火上身」；因此在表達和行事方式上適時地學會繞圈子，效果就好多了。

未出頭時，能而有度

能力太強，容易招人妒忌；處處出頭，更容易受到打擊。但做人做事又不能太過於羸弱，顯得太無能也會危及自己的生存。特別是在個人力量沒有達到強大之時，把握能而有度的方圓之道，實在很關鍵。

帝王在選擇太子時，心理是很矛盾的。太子仁弱一點吧，怕將來繼位後缺乏駕馭眾人的能力；太子賢明一點呢，又怕眾望所歸會危及自己。宋太宗見到自己的太子頗得人心，就曾酸溜溜地說：「人心都歸向太子，欲置我於何地？」

皇帝既有這種心態，太子實在難處。不能不得人心，也不能太得人心；不能太不及父皇，也不能太勝過父皇，這中間的分寸確實是很難拿捏的。

隋煬帝的兒子楊暕就因為拿捏不好這個分寸，而與父皇產生隔閡。造成他們父子失和的是兩件事。

第一件事是為了一個美女。有一次，樂平公主告訴煬帝，有個女子十分漂亮，但不知為什麼煬帝聽後無所表示。過了一段時間，樂平公主以為煬帝對此人不感興趣，就把她推薦給了齊王楊暕。楊暕馬上把她納入後宮。

後來煬帝忽然記起這事，就問樂平公主：「你上次說過的那個美人現在哪？」

樂平公主回答說：「已經被齊王收用。」

這件事本身其實不能全怪楊暕，他不可能每得到一個美女都先請示父皇是否感興趣。樂平公主是這件事的始作俑者，按理煬帝問起，她大可以將始末和盤托出。但這樣一來，就有可能引起煬帝對她的不滿。所以，當煬帝再度問起這件事，她意識到自己捅了婁子，只好含糊地說一句「在齊王那裡」，似乎與自己無關。

第二件事是因為打獵。煬帝去狩獵，命楊暕率領一夥侍從參加。狩獵的結果是楊暕獵獲頗豐而煬帝一無所得。煬帝龍顏大怒，認為自己在眾人面前丟了面子。一問左右，左右侍從害怕煬帝遷怒，推說是獵物被楊暕手下一夥人阻擋，所以打不到了。煬帝因此猜忌起楊暕來，認為他是為了想出鋒頭，於是處處尋找楊暕的不是。

俗話說「欲加之罪，何患無辭」，何況太子本非聖人，結果名號也就無法保留了。煬帝父子間從此結怨，直到後來宇文化及起來謀反，派人分別去囚禁、殺害煬帝父子時，煬帝還認為是楊暕派人來抓自己的，而楊暕也認為是煬帝派人來殺自己的，父子至死誤會無法消彌。

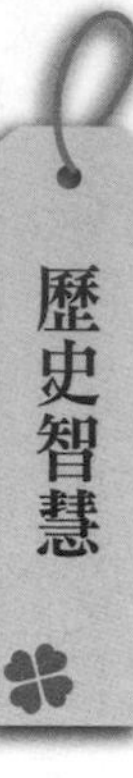

中庸之道無處不在。皇子要當上太子，繼承王位，也要深諳此道。過於仁弱，力不服眾，難以駕馭天下；過於賢明，眾望所歸，又危及皇帝的地位，使其持有戒心。因此，為了繼承那至高無上的權力，太子只得隱忍自己，在夾縫中求生存。

開外掛人生的歷史智慧

有「心機」的人善於韜光養晦，螺旋上升，既保護自己不受猜忌和傷害，又容易為自己的事業成功創造條件，一鳴驚人。後退幾步，再加大衝力，成功的可能性更大。

如果剛一開始就讓人覺得你多麼了不起，對你寄予種種厚望，可是你隨後的表現讓人一次又一次的失望，結果是被人越來越看不起。這種反差效應值得人們借鑑。別人對你的期望值越高，越容易看出你的平庸，發現你的錯誤。相反，如果別人本來並不對你抱有厚望，你的成績總會容易被人發現，甚至讓人吃驚。

很多剛走上工作崗位的人，不懂得這種心理，往往希望從一開始就引人注目，誇耀自己的學歷、本事、才能。即使別人相信你，在形成心理定勢之後，如果你工作稍有差錯或失誤，往往會被人瞧不起。所以，有「心機」的人，剛走上工作崗位時不會過早地暴露自己，當他默默無聞的時候，會因一點成績一鳴驚人，這就是深藏不露的好處。

俗話說：退一步路更寬。要退，必先學會忍。事實上，退是另一種方式的進。暫時退卻，養精蓄銳，以待時機，這樣的退後再進會更快、更好、更有效、更有力。退是為了以後再進，忍住一時的欲望，暫時放棄某些有礙大局的目標，是為了最後實現最大的成功。這退中本身已必然包含了進，這種退更是一種進取的策略。

只有志向遠大，才可能成為傑出人物。但要成為傑出人物，光是心高氣盛遠遠不夠，還必須從最初級的事情做起。在你默默無聞不被人重視的時候，不妨試著暫時降低一下自己的物質目標、經濟利益或事業野心，做好每一件普通的事，這樣你的視野將更開闊，或許會發現許多意想不到的機會。

第四章

臨危不亂，善於變通保全大局

「失之東隅，收之桑榆」，這就是所謂的得失之道，也是歷史加減法的人生智慧。清朝宰相劉羅鍋曾斷言：「處變不驚，必凌駕於世事之上；達觀權變，當安於糊塗之中。糊塗機變，能於危境中巧妙化解尷尬。」

處變不驚是一種大智慧，它是指善於根據世事變化，隨時作出最恰當、最有利的應對之策。處變不驚，才能修習機變之道。在人生決斷的智慧，小則養家糊口、安身立命；大則建功立業、興國安邦。

挽回錯失，免去殺身之禍

「人有失足，馬有失蹄」。但有時錯失會讓人引來殺身之禍。只有及時而巧妙地挽回錯失，才能處於安全境地。

據說，司馬昭與阮籍有一次同上早朝，忽然有侍者前來報告：「有人殺死了母親！」

放蕩不羈的阮籍不假思索便說：「殺父親也就罷了，怎麼能殺母親呢？」

此言一出，滿朝文武譁然，認為他有悖孝道。阮籍也意識到自己的失言，忙解釋說：「我的意思是說，禽獸只知其母而不知其父。殺父就如同禽獸一般，殺死母親呢？就連禽獸也不如了。」

一席話，竟使眾人無可辯駁，阮籍也因此避免了殺身之禍。

當然，有時候僅靠口舌解釋難於挽回失誤，這時就要動腦採取適當的行動了。

郭德成是元末明初人，他性格豁達，十分機敏，特別是喜愛喝酒。在元末動亂的年代裡，他和哥哥郭興一起隨朱元璋轉戰沙場，立了不少戰功。

朱元璋做了明朝開國皇帝後，原先的將領紛紛加官晉爵，待遇優厚，成為朝中達官貴人。郭德成僅僅做了散騎舍人這樣一個普通的官員。

一次，朱元璋召見郭德成，說道：「德成啊，你的功勞不小，我讓你做個大官吧。」

郭德成連忙推辭說：「感謝皇上對我的厚愛，但是我腦袋瓜不靈，整天不問政事，只知道喝酒，一旦做大官，那不是害了國家又害了自己嗎？」

朱元璋見他辭官堅決，內心讚歎，於是將大量好酒和錢財賞給郭德成，還經常邀請郭德成到皇家後花園喝酒。

一次，郭德成興沖沖趕到皇家後花園陪朱元璋喝酒。眼見花園內景色優美，桌上美酒香味四溢，他忍不住酒性大發，連聲說道：「好酒，好酒！」隨即陪朱元璋喝起酒來。

杯來盞去，漸漸地，郭德成臉色發紅，醉眼矇矓，但他依然一杯接一杯喝個不停。眼看時間不早，郭德成爛醉如泥，踉踉蹌蹌地走到朱元璋面前，彎下身子，低頭辭謝，結結巴巴地說道：「謝謝皇上賞酒！」

朱元璋見他醉態十足，衣冠不整，頭髮紛亂，笑道：「看你頭髮披散，語無倫次，真是個醉鬼瘋漢。」

郭德成摸了摸散亂的頭髮，脫口而出：「皇上，我最恨這亂糟糟的頭髮，要是剃成光頭，那才痛快呢。」

朱元璋一聽此話，臉漲得通紅，心想，這小子怎麼敢這樣大膽地影射侮辱自己。他正想發怒，看見郭德成仍然傻乎乎地說著，便沉默下來，轉而一想：也許是郭德成酒後失言，不妨冷靜觀察，以後再整治他不遲。想到這裡，朱元璋雖然悶悶不樂，還是高抬貴手，讓郭德成回了家。

郭德成酒醉醒來，一想到自己在皇上面前失言，恐懼萬分，冷汗直流。原來，朱元璋少時，在皇覺寺做和尚，最忌諱的就是「光」、「僧」等字眼。郭德成怎麼也想不到，今天這樣糊塗，這樣大膽，竟然戳了皇上的痛處。

郭德成知道朱元璋對這件事不會輕易放過，自己以後難免有殺身之禍。怎麼辦呢？他深深地思考著：向皇上解釋，不行，更會增加皇上的嫉恨；不解釋，自己已經鑄成大錯。難道真的要為這事賠上身家性命不成？郭德成左右為難，苦苦地為保全自身尋找妙計。

過了幾天，郭德成繼續喝酒，狂放不羈，和過去一樣，只是進寺廟剃光了頭，真的做了和尚，整日身披袈裟，念著佛經。

朱元璋看見郭德成真做了和尚，心中的疑慮、嫉恨全消，還向自己的妃子讚歎說：「德成真是個奇男子，原先我以為他討厭頭髮是假，想不到真是個醉鬼和尚。」說完，哈哈大笑。

後來，朱元璋猜忌有功之臣，原來的許多大將們紛紛被他找藉口殺掉了，而郭德成竟保全了性命。這是由於他能夠從小的禍事看到以後事態的發展，提前避禍，才不至於招來殺身之禍。

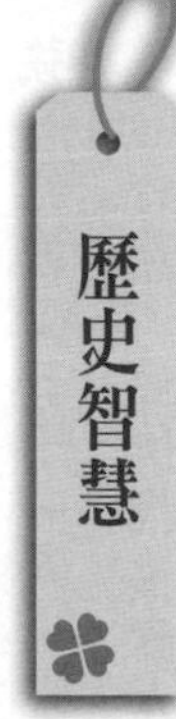

人常言：「病從口入，禍從口出。」當口出錯語時，應想盡辦法及時補救。同樣，當行為冒犯了別人，引起對方的疑慮和殺機時，要採取巧妙的方式進行處理，這樣才能打消他人的疑慮，免去無意間造成的禍患。由此，我們應利用現時的條件努力培養生存的「急智」。

遇襲冷靜，沉著方能自救

生活中每個人都有被陷害、被冤枉或被誤解的時候，當發現有人攻擊和誣陷我們的時候，不要驚慌，要冷靜地進行解釋和辯解，儘快消除一切誤會，這樣才能保護自己的利益。

戰國時候，張儀和陳軫都投靠到秦惠王門下，受到重用。

不久，張儀便產生了嫉妒心，因為他發現陳軫很有才幹，甚至比自己還要強，他擔心日子一長，秦王會冷落自己，喜歡陳軫。

於是，他便找機會在秦王面前說陳軫的壞話，進讒言。

一天，張儀對秦惠王說：「大王經常讓陳軫往來於秦國和楚國之間，可是現在楚國對秦國並不比以前友好，對陳軫卻特別好。可見陳軫的所作所為全是為了他自己，並不是誠心誠意為我們秦國做事。聽說陳軫還常常把秦國的機密洩漏給楚國。作為您的臣子，怎麼能這樣做呢？我不願再和這樣的人一起共事。最近我又聽說他打算離開秦國到楚國去。要是這樣，大王還不如殺掉他。」

聽了張儀的這番話，秦王自然很生氣，馬上傳令召見陳軫。一見面，秦王就對陳軫說：「聽說你想離開我這兒，準備上哪兒去呢？告訴我吧，我好為你準備車馬呀！」

陳軫一聽，莫名其妙，兩眼直盯著秦王。但他很快明白了，這裡面話中有話，於是鎮定地回答：「我準備到楚國去。」

果然如此！秦王對張儀的話更加相信了。於是慢條斯理地說：「那張儀的話是真的。」

原來是張儀在搗鬼！陳軫心裡完全清楚了。他沒有馬上回答秦王的話，而是定了定神，然後不慌不忙地解釋說：「這事不單是張儀知道，連過路的人都知道。我如果不忠於大王您，楚王又怎麼會要我做他的臣子呢？可我一片忠心，卻被懷疑，我不去楚國又能到哪裡去呢？」

秦王聽了，覺得有理，點頭稱是，但又想起張儀講洩密一事，便又問：「既然這樣，那你為什麼將我秦國的機密洩漏給楚國呢？」

陳軫坦然一笑，對秦王說：「大王，我這樣做，正是為了順從張儀的計謀，用來證明我是不是楚國的同黨呀！」

秦王一聽，卻糊塗了，望著陳軫發愣。

陳軫還是不急不徐地，說了一個故事：據說楚國某人有兩個妾。有人勾引那個年長的妾，卻被那個妾大罵了一頓。他又去勾引那個年輕的妾，年輕的對他很友好。

後來，楚國人死了。有人就問那個勾引兩個妾的人：「如你要娶她們做妻子的話，是娶那年紀大的呢，還是娶那個年紀輕的呢？」

他回答說：「娶那個年紀大的。」

這個人又問他：「年紀大的罵你，年紀輕的喜歡你，你為什麼要娶那個年紀大的呢？」

他說：「處在她那時的地位，我當然希望她答應我。她罵我，說明她對丈夫很忠誠。現在要做我的妻子了，我當然也希望她對我忠貞不二，而對那些勾引她的人破口大罵。」

陳軫向秦王道：「大王試想，我身為楚國的臣子，如果我常把秦國的機密洩露給楚國，楚國會信任我、重用我嗎？楚國會收留我嗎？我是不是楚國的同黨，大王您該明白了吧？」

秦惠王聽陳軫這麼一說，不僅消除了疑慮，而更加信任陳軫，給了他更優厚的待遇。陳軫巧妙的一席話，既擊破了讒言，也保全了自己。

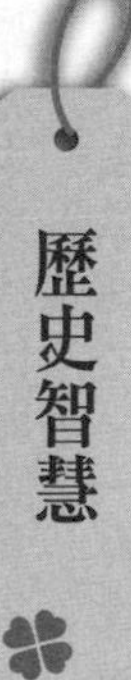

冷靜應對一切突如其來的危機，是一種處變不驚的風度。只有冷靜，才能在氣勢上給對方造成震懾的力量，也為自己贏得應急的機會。有些人一旦碰到不利於自己的形勢，就驚慌失措，亂了陣腳，一開始就增添了別人的疑慮，這是不明智的。所以，在平時我們應該著力培養笑對風雲變幻的心態，以便在風雨突然來臨時能處之泰然。

麻痺對手，搶得先機

在競爭對手面前，利用有效的方式麻痺對方，令其放鬆警惕，常常能搶得制勝的先機。

明武宗因為自己沒有兒子，所以在病死前，決定讓兩個親王中的一個繼位，然而究竟立誰為好呢？他想了一個法子，立下遺詔，同時發出給兩個親王。遺詔中規定：先到京者為君，後到京者為臣。這兩個親王，一個是冀王，冀王府在河北，離北京只有一二百里；另一個是興王，興王府在湖廣，離北京有一兩千里。如此同時下詔，等興王府接到詔書的時候，冀王也早就入京為君了，可見武宗想立的是冀王，而不是興王。然而結果是，興王搶先入京做了皇帝。這是何故呢？

事實上，當興王府接到詔書的時候，冀王已經在入都稱帝的途中了。興王朱厚熜聽到這個消息，心灰意冷，打消了當皇帝的念頭。

一天，他百無聊賴地在大街轉遊，遇到一個擺地攤測字的先生。這測字先生見朱厚熜走來，便迎上前笑著說：「看您福人貴相，何不測一字來看看！」

朱厚熜道：「再貴相到此時又有什麼用呢？」

測字先生道：「您測看看！」朱厚熜盛情難卻，便讓其測一「問」字。

測字先生看了他寫的字後，忽然跪倒在地，向他祝賀道：「我看出來了，您一定是千歲，這個『問』字從中間拆開，左看是君，右看還是君，您馬上就要當皇帝了。」

朱厚熜道：「可惜為時已晚，皇帝已經上路，可能現在已經入京了。」

測字先生說道：「有福不忙，無福跑斷腸。如果您答應讓我當丞相，我就擔保讓你當上皇帝。」

朱厚熜一聽十分高興，忙問：「請問先生大名？」

測字先生說：「小民嚴嵩。」

朱厚熜說道：「咱們一言為定，本王如果當了皇帝，一定封你為相。」嚴嵩當即叩頭謝封。

朱厚熜帶嚴嵩來到王府，寫好封嚴嵩為相的「聖旨」，然後就問嚴嵩如何稱帝。

嚴嵩笑著說：「臣已知王爺接到詔書，也已探聽到冀王已經接詔上路。他雖離京很近，卻自以為帝位非自己莫屬，便要大張旗鼓地進京，沿途官員自然都要挽留接風，然後送行，如今半個月都過去了，他們才走了不到百里的路程。照此下去，再有半個月，也不一定能到京城。因此，王爺若火速入京，還來得及。為防止途中停留，您可扮成『欽犯』，日夜兼程，馬不停蹄，由臣下相陪，最遲不過六七天便可以入京，就一定能出奇不意地搶在冀王前面稱帝。」朱厚熜聽罷，拍案叫絕，當即打點入京。

興王朱厚熜來到京都，恰遇眾大臣出城迎接、由東安門入居文華殿，由張太后傳出懿旨，由眾臣簇擁到奉天殿即位，這就是明世宗，改明年為嘉靖元年，大赦天下。而那位測字先生嚴嵩，也因此被召入朝為相。

歷史上常有驚人相似的一幕。在此兩千年前的齊國也發生了這樣的事情：管仲和鮑叔牙是十分友好的朋友，分別在齊襄公的兩個兒子公子糾和公子小白手下任事。公子糾和公子小白是同父異母兄弟。

由於襄公昏庸無道，兩兄弟和大臣紛紛避走他國。管仲保護公子糾到了魯國，鮑叔敖則隨同公子小白逃亡莒國。西元前六八六年，齊國爆發內亂，襄公被殺，公子小白和公子糾兩人立刻動身，準備回國即位。兩路人馬途中相遇，管仲眼明手快，對準公子小白當胸就是一箭，小白應聲倒下。管仲以為公子小白已死，便護衛公子糾不慌不忙地趕路。等六天路程走完，回到臨淄，豈知小白竟已先到，並即位為君，稱為齊桓公。

公子小白為何沒有死呢？原來管仲那支箭恰恰射在小白腰帶的銅質帶扣上，

小白毫無傷害，卻假裝中箭倒下裝死，使得管仲誤以為競爭對手已死，便放鬆了警惕，延誤了時機。等管仲和公子糾一走，公子小白便日夜兼程，趕往臨淄，搶在了公子糾前面。

冀王與公子糾犯了同樣的錯誤，以為對手已不能對自己構成任何威脅，放鬆了警惕，因此誤了時機，痛失了君位。而朱厚熜和小白則正是抓住對手麻痺輕敵的心理，日夜兼程，馬不停蹄，贏得了時間。於是麻痺對手，以搶先戰機就成了人們經常用到的潛規則。

審時度勢，把握良機

善於把握事態發展變化的局勢，抓住有利的時機，是成事的必需條件。

西元二〇八年，秦將章邯率軍攻打趙國鉅鹿。趙王歇向楚國求救。楚懷王任命宋義為上將軍，項羽為次將，率軍去營救趙國。

楚軍到達安陽後，宋義畏縮不前，駐留此地長達四十六天之久。項羽勸說宋義立即攻秦救趙，被宋義拒絕了。當時天寒多雨，將士受凍受餓，痛苦不堪。而宋義卻親自跑到無鹽大擺宴席，為自己的兒子到齊國做相送行。並藉機擴展個人勢力。

乘宋義離開之際，項羽鼓動將士們說：「我們奉命攻打秦軍，救援趙國，現在卻留在這裡不能前進。這裡遇到災荒，將士只能吃個半飽，軍中存糧也不多。上將軍對此絲毫不放在心上，只顧飲酒作樂，根本沒想到要率軍去趙國徵糧，並與趙軍合力抗秦，反而美其名曰『等待秦軍疲憊之機再打』。」

「但如若強大的秦國攻擊剛剛復國不久的趙國，必然能把趙國滅掉。趙國滅掉之後，秦軍只會更加強大，根本無機可乘。況且我軍剛剛在定陶吃了大敗仗，大王正坐臥不安，將全軍交給上將軍指揮。國家安危，就在此一舉了。不料上將軍卻如此不愛惜將士，只顧徇私，這樣的人怎麼能做社稷之臣！」項羽道。

項羽這一席話立刻在全軍中引起共鳴。當宋義返回安陽時，項羽藉機將其殺死，然後號令全軍，說道：「宋義與齊國密謀反楚，楚王命我殺之！」將士上下無不服從。消息傳回國內，楚懷王只好正式任命項羽為上將軍去營救趙國。此後，項羽破釜沉舟，九戰九捷，殲滅了秦軍主力，解除了鉅鹿之圍。

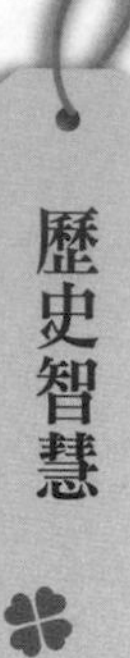

楚懷王是秦末起義軍首領項梁聽從謀士范增之計所擁立的。然而楚懷王名為皇帝，實為傀儡。可他趁項梁戰死後，在彭城（今江西徐州）奪取項羽、呂臣的兵權，改用宋義為上將軍，項羽當然心懷不滿，伺機奪回兵權。

此時的形勢，正是動手發動兵變的好時機：一方面宋義在緊急關頭，徇私誤國，違背軍令，貽誤戰機，罪該問斬；另一方面，士兵在寒風冷雨中煎熬，而宋義卻飲酒作樂，大擺宴席，士兵的反叛心理經項羽一鼓動就旺盛起來了。於是，殺宋義、取兵權的主客觀條件一應俱全，項羽審時度勢，把握住了時機。項羽既殺了宋義，奪取了兵權，又殲滅了秦軍，解除了鉅鹿之圍，可謂一箭雙雕。

一石三鳥，擺脫困境

人生陷入困境中時，我們需要儘快做出反應。具有高超機變智慧的人，能同時處理好幾個面向的關係。

戰國時期，除了七雄之外，還存在著幾個微不足道的小國，中山國便是其中之一。中山國雖小，卻能在群強夾縫中生存，原因之一就是中山國擁有超凡的一流智者，相國司馬熹便是其中最傑出的一位。

在司馬熹治理國家期間，由於他能應付各種複雜的局勢，使彈丸之地得以長期獨立，中山國王對他十分信任。但司馬熹也遇到了一位十分忌恨自己的人，這人就是最受中山國國王寵愛的姬妾陰簡。

司馬熹也不知道自己在什麼時候、什麼地點、因為事情得罪了這位美女，她幾乎每天都會在國君枕邊說他的壞話。如果枕頭風吹多了，國君對司馬熹的信任也會動搖，處境對他極為不利。

有一天，趙國派來了一位使者，司馬熹負責陪同。在宴會上，司馬熹趁酒酣之際問使者：「聽說你們趙國擅長歌舞、音樂的美女很多。現在我們中山國，也有一位足可叫貴國大吃一驚的美女。她的相貌、人品之美好，就是仙女也比不上，稱得上是絕代佳人。她的眉毛、眼睛、鼻子、頭型、前額、臉蛋沒有一處有可挑剔的，真是一副王后的福相，絕非諸侯妃姬。這個人叫陰簡，她就是當今敝國國君的寵姬。」

這位使者聽了司馬熹的話，暗自高興，心想真是不虛此行。回國後，向趙國國王詳細報告。還沒等使者彙報完畢，趙王已然動心。於是派遣特使到中山國，請求中山國君把陰簡送給自己。如果中山國答應了趙王的要求，把陰簡送到趙國，那麼，司馬熹就除去了心頭大患，能輕易地擺脫困境了。

中山王聽到趙王的要求後，一反過去卑弱的態度，堅決反對這個要求，表示不可能答應趙王的這一請求。如此一來，形勢一時變得複雜緊張起來。大臣們都感到驚慌，若得罪了趙國，弄不好，興兵來伐，中山國就要蒙難了。舉國上下都束手無策，重臣只是七嘴八舌，拿不出一個主意。

胸有成竹的司馬熹卻暗自欣喜，他選定這個關鍵時刻，向國王進諫，開口道：「時至如今，請大王把陰簡正式封為王后，既封為后，就算拒絕趙王的要求也絕不會被找麻煩，畢竟趙王不能強奪他國的王后，就會死心了。以此回絕趙國才不會惹怒他們，又可保我國免遭兵禍。」此言一出，中山王讚不絕口。

次日，中山王便封陰簡為王后，並以厚禮打發走趙國使者。使者回稟趙王，趙王除了遺憾外，也不便採取更強硬的措施，中山國得以保全。

從此以後，陰簡對司馬熹不僅沒有半句壞話，反而處處流露她的感恩戴德之情。她心想，這次能升任王后，多虧司馬熹出了大力。

歷史智慧

司馬熹憑巧言妙計，轉瞬間就使自己完全擺脫了困境。他促成陰簡成為王后，使得她不再仇恨自己，兩人的前怨一筆勾銷，同時還巧妙地拒絕了趙王討求陰簡，保全中山國免遭禍殃。司馬熹之舉，勝於一箭雙雕，實為一石三鳥。

遇惡意誣陷，靈活應對

客觀世界裡充滿了矛盾。我們只有掌握了科學的思維方法，才能在錯綜複雜的矛盾面前立於不敗之地。有些人為了達到個人的目的不惜造謠生事、誣陷誹謗，只有具有靈活的思維和準確的分析判斷能力，才能夠避免被人蒙蔽，做出正確的應對。

晉文公在位時，曾遇到過一起發生在自己身邊的誣陷案。

一天，一個侍從在御膳房端了一盤烤肉，恭恭敬敬送到晉文公面前請其就餐。晉文公拿起餐刀正準備切肉，忽然發現肉上沾黏不少頭髮。他立即放下手中的小刀，命人去找膳吏。那個膳吏看到傳召的侍從臉色不好，一路上不停地思索這次晉王召見的原因。究竟是剛送去的烤肉火功不夠，還是燒烤時用料不當、口味欠佳呢？他哪知道一見晉文公就遭到一陣責罵。文公氣勢洶洶地說道：「你是存心想噎死我嗎？為什麼在烤肉上有這麼多頭髮？」

膳吏一聽，原來發生了一件自己沒有料到的禍事。雖然他明知道這件事裡面有鬼，但君王在氣頭上根本無法辯白。如果把握不好，很容易招致橫禍。因此，膳吏急忙跪拜叩頭，口中卻似是而非、旁敲側擊地說道：「請君王息怒，奴才真是該死。烤肉上纏著頭髮，我有三條罪責。我用最好的磨石把刀磨得比利劍還快，它切肉如泥，但就是切不斷毛髮，這是我的第一大罪過。我在用木棍去穿肉塊的時候，竟然沒有發現肉上有一根毛髮，這是我的第二大罪過。我守著炭火通紅、烈焰炙人的爐子把肉烤得油光可鑒、吱吱有聲、香味撲鼻，然而就是烤不焦、燒不掉肉上的毛髮，這是我的第三大罪過。」

「不過我還想補充一句，您是一位明察秋毫的賢明君主，您能不能把堂下的臣僕觀察一遍，看看其中是否有恨我的人呢？」膳吏道。

晉文公聽出了膳吏所言話外有音，所以對案情產生了懷疑。他立即召集屬下進行追問，不出膳吏所料，果然找出了那個想陷害膳吏的侍從。晉文公下令殺了那個人。

歷史智慧

我們對於形勢複雜難以判斷的事物只要全面分析、推理，冷靜動腦筋想辦法，不被表面現象所迷惑，不被事物的複雜性所嚇倒，這樣就能正確應對突發的因素。這一點，對於成長中的我們顯得尤為關鍵。

不卑不亢，君子以禮相待

為人處世最難做到的事情之一就是臨危不懼、威武不屈。這不僅需要膽量，更需要智慧。

戰國時期，晉楚展開大戰，晉軍大敗，智罃被俘。智罃的父親荀首為晉軍大夫，率兵圍戰，射死楚大夫連尹襄老，射傷楚公子穀臣，將之一併帶回，預備以後用他們換取回智罃。於是，荀首成了中軍統帥。當時晉軍雖敗，但勢力並不虛弱，楚軍懼怕荀首的聲威，便答應了晉軍換回智罃的要求。

楚王見智罃要回晉國，知道他將來一定能立下大業，便一改原先把他當戰俘罪犯對待的態度，改以朋友之禮相對。在把智罃送出時，他滿面和氣地問智罃：「你會怨恨我嗎？」

智罃回答道：「兩國之間作戰，是我沒有才能，才淪為俘虜。大王沒有殺我將血塗在戰鼓上激勵將士，使我回晉受罪，這是大王的恩惠，我哪裡還敢怨恨你呢？」

楚王聽了這話很是得意，進而問道：「既然如此，那麼你會感激我的恩德嘍？」

智罃正色答道：「兩國都是為國家利益打算，以使百姓安心度生。現在晉楚二國既已和好，各自後悔當初的怨恨，不應互相為戰，那麼就應互相寬恕為是。現在我們兩國都在力求這樣做，雙方互釋戰囚以成其好。兩國之間的政事，與我私人無關，我何來感激之意呢？」

楚王又問：「你這番話我聽得有點不對了，明明是要換你回去，可是你卻說與你無關，這也畢竟是兩國之間大事。那麼，你回去之後將如何報答我的恩情呢？」

智罃說：「臣無從受怨，也無從受德，無怨無德，不知所報。」

楚王笑著說：「雖然如此，你一定要回答我。」

智罃說道：「若是我的國君把我殺掉，我就算身死，這個大恩是不會腐朽的。假使聽從你的好意而免我一死，來賜給我的父親荀首，若他把我戮於宗廟，我雖死，你的恩德也會不朽的。假使輪到我擔任國家大事的時候，帶領部分軍隊保衛邊疆，若碰上楚國的將帥，我也不會避而不打，我會不惜犧牲地去拚殺，沒有二心，以此來盡我的為臣之禮，這就是我對大王的回報。」

楚王從智罃口中得不到什麼千金許諾，但智罃的話句句入情入理，不好反駁，只好送智罃回去，歎口氣說：「晉未可與之爭。」

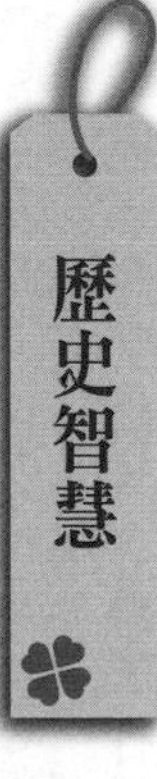

智罃在楚王進行盤問索要報答時，還在他人手中，然而並未故作媚態，強作歡顏討好，而是以禮相待楚王。這個禮，便是他應盡的臣子之禮，他的言語很有分寸，沒有絲毫過度，也沒有絲毫不周。就這樣，他巧妙地保護了自己的利益。

善用巧計，讓人無往不利

《圍爐夜話》中指出：「為人循矩度，而不見精神，則登場之傀儡也；做事守章程，而不知權變，則依樣之葫蘆也。」精通謀略的人總是能夠積極動腦，及時製造出急需的東西，以解燃眉之急。

北宋年間，朝廷遣能征慣戰的將軍狄青領兵南征。

當時朝廷中主和、妥協派勢力頗強，狄青所部亦有些將領怯戰，有的甚至散播謠言，說什麼「夢見神人指示，宋兵南征必敗」。軍中不少有迷信思想的官兵盡皆惶然，篤信此次南征「凶多吉少，難操勝券」，一時軍心渙散。狄青一再訓說：「我軍乃正義之師，戰必勝，攻必克。」無奈官兵迷信心理極重，收效甚微。

為此，狄青和幾員心腹大將十分憂慮。大軍途經桂州，恰逢大雨滂沱，一連數天，烏雲蔽日，無法行軍。此時軍中謠言更甚，都說出師不利，天降凶雨，旨在回師……

這天黃昏，狄青帶領幾員偏將冒雨巡視，路經一座古廟，見冒雨進香占卜者不少，便進廟詢問。廟中和尚說，都說這座廟神佛靈驗，有求必應，所以終年拜佛占卜者絡繹不絕。

狄青聽罷，心中頓生妙計。次日清晨，他全身披掛，領將士入廟拜佛，虔誠地供香跪拜後，便對將士們說：「本帥當眾占卜一卦，欲知南征凶吉。」

語畢，他請廟祝捧出百枚銅錢，說明一面塗紅，一面塗黑，然後當眾合掌祈禱：「狄青此次出兵南征，如能大獲全勝，百枚銅錢當紅面向上！」

只見他將銅錢一擲，落地有聲，果然全都是紅色。將士們驚異萬分，興高采烈，奔相走告，一時士氣大振。

狄青當即下令不准再動銅錢，以免冒犯神靈，同時令心腹將士取來百枚長釘，把銅錢牢釘在地，然後對全軍說道：「此戰必勝，這是上天助我！等到班師回朝之日，再來感謝神靈取錢吧！」

第二天雨過天晴，宋軍士氣高昂，直壓邊境。兩軍對陣，宋軍將士無不奮勇當先，所向披靡，直把安南入侵者殺得丟盔棄甲，潰不成軍，乖乖地立下降書，自稱永不敢再犯大宋邊境。

宋軍班師回朝，狄青高興地帶領一班將校到古廟謝神還願，拔釘取錢時，一位偏將忽然驚呼：「奇怪，怎麼這百枚銅錢兩面都是紅色？」

狄青哈哈大笑：「此舉絕非神靈，其實是本將軍借神佛之靈，鼓舞士氣罷了！」此時大家才恍然大悟，原來狄將軍私下和幾位心腹將士暗將銅錢兩面都塗成紅色，故弄玄虛，利用將士們的迷信心理，化厭戰情緒為勇戰情緒，一鼓作氣戰勝侵略軍。

以上故事深有啟發，只要我們開動智慧的頭腦，抓住人們的心理，利用契機進行正面的暗示，就一定能喚起大家的力量，讓我們無往不利。生活中，我們知道，為了達到良好的目的，不得不用到一些善意的欺騙，只要初衷是好的，不妨一試。

不動聲色，將危機消彌於無形

生活謀略中佔有首要地位的經典信條就是：「未雨綢繆，防患未然」。不管是誰，都要有洞見觀瞻、預見危機的能力，這才是最高明的應付危機的策略。

陳平在當初投奔漢王劉邦的時候，曾發生過一宗很危險的事。

那時正是春夏之交的時節。一天中午，天空灰濛濛的，碧綠的田野一片靜寂。這時，從楚王項羽的軍營裡走出一個人，身穿將軍服，佩帶一把寶劍，警戒地四下看著，順著田間小路，急匆匆地向黃河岸邊趕去，這個人就是陳平。

他準備偷渡黃河去投奔漢王劉邦。

陳平趕到河邊，輕聲叫來一艘渡船。只見船上有四五個人，都是粗蠻大漢，臉上露出凶相。當時陳早已覺察到，上這條船有些不妙，但又沒有別的去路。他擔心誤了時間，楚兵會很快追趕上來，只好上了船。

船隻慢慢駛離河岸，陳平總算鬆了口氣，但他敏銳地觀察到，船上這幾個人竊竊私語，相互遞著眼色，流露出不懷好意的神色。

「看來是個大官，偷跑出來的。」

「我猜他懷裡有不少珍寶和錢，嘿嘿。」

坐在艙內的陳平聽到船尾兩個人這樣低聲議論，並發出陰險的笑聲時，不禁有些緊張。心想：「他們恐要謀財害命！雖然身上沒有什麼財物和珍寶，可只是獨自一人，只有一把劍，肯定敵不過他們。如何能安全地擺脫危險困境呢？」

這時船到了河中央時，速度明顯地減緩了。

「他們要下手了，怎麼辦？」陳平急中生智，考慮了一個計策。

他從船內站起來，走出船艙說：「艙內好悶熱啊！熱得我都快要出汗了。」陳平邊說邊佯作若無其事地摘下寶劍，脫掉大衣，倚放在船舷上，並伸手幫他們搖船。這一舉動，出乎船上壯漢們的預料，使他們一時不知道該怎麼辦才好。

陳平很用力地搖船。過了一會兒，他又說：「天悶熱，看來要下一場大雨了。」說著，又脫下一件上衣，放在那件外衣之上。過了一會，再脫下一件。最後，他索性脫光了上衣，赤著身子，幫他們搖船。

船上那幾個人，見陳平根本沒有什麼財物可圖，就打消了謀害他的念頭，很快把船划到對岸了。

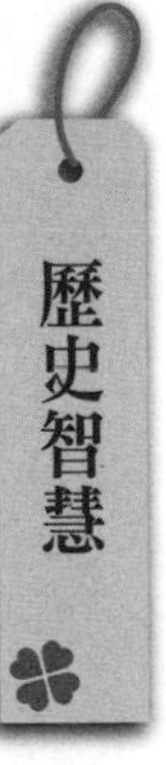

陳平在這樣的情況下，以他一介文士的身份，不論是向船家極力辯解還是憑一時血氣之勇拔劍與船家展開搏鬥，恐怕都難以逃脫被船家殺害的結局。但陳平能在間不容髮的緊張瞬間想出辦法，不動聲色地把危機消彌於無形，不愧是劉邦手下的一大謀士。

綱舉目張，執本末從

抓住網綱撒網，網眼自然張開；抓住了樹的根，枝葉自然會跟從。

劉邦平定天下以後，開始論功封賞功臣。他向大臣們說：「運籌帷幄之中，決勝千里之外，這是張良的功勞，應封三萬戶。」

張良連忙起身拜謝：「臣開始逃亡下邳，有幸與陛下相會，這是上天讓臣跟隨陛下。陛下用臣的計策，幸而時中。臣願封留地足矣，不敢當三萬戶。」

劉邦對張良的辭讓很滿意，就封他為留侯。接著又封賞了二十多位有功之臣。這時，其他的文臣武將日夜爭功不停，弄得劉邦心煩意亂，寢食難安。

一天，劉邦在洛陽南宮從閣道望見幾位將領坐在沙中竊竊私語，覺得奇怪，就問張良：「他們說什麼？」

張良不安地說：「陛下難道不明白？他們在商量謀反的事呀！」

劉邦大驚失色：「天下剛剛安定，為什麼要謀反？」

張良提醒劉邦道：「陛下起於布衣，是依靠這些武將取得天下。現在您是天子，所封的侯爵全是像蕭何、曹參那樣的同鄉、故人和您所喜歡的，而您誅殺的盡是平生所憤恨的仇人。現今軍吏計功，有功的不能普遍受封，許多人擔心得不到封賞，又害怕您抓住他們的過失而誅殺他們，所以他們才打算鋌而走險，聚眾謀反哪……」

劉邦愁容滿面，如坐針氈：「這……如何是好？」

張良深思熟慮地說：「陛下不要擔心，臣已經有了辦法。」

「快說給朕聽！」劉邦急不可耐。

「陛下平生最憎恨的而又是群臣所共知的人是誰？」

「當然是雍齒這個人。雍齒與我有舊仇，他污辱過我，只是因為他功勞大，才不忍殺他，這事群臣都知道……」劉邦不假思索地告訴張良。

張良霍地站起身，胸有成竹地說：「陛下，謀劃就在此人身上！立即封賞雍齒，給群臣諸將擺個樣子。像雍齒這樣的仇人，陛下都能不計前怨，為他封功晉爵，別人還會有什麼顧慮呢？他們必會心平氣和，解除疑慮了！」

劉邦立即下令設置酒宴，召集文武百官，當眾宣佈命令，封雍齒為什方侯……接著又催促丞相、御史定功行封。

酒宴散後，大臣、將軍歡天喜地，奔相走告：「雍齒都能封侯，我等還擔心什麼呢！」

歷史智慧

做事情一定要先抓主要問題，主要問題解決了，其他小問題便迎刃而解，這就是綱舉目張。張良讓劉邦封雍齒而平定眾將之心，實際上這條計策並沒有什麼出奇的地方，但為什麼達到了「制勝」的效果呢？其原因就是張良太了解眾將官的所思所想了。雍齒是劉邦平時最憎恨的人，這樣的人受封當然最有說服力。所以，雍齒被封侯後，眾將心裡的顧忌也就沒有了。

臨危不亂，「詐」贏生機

在危及自己生命的緊要關頭，靈活地「詐」一回，不失為一大機變智慧。

朱元璋打敗陳友諒、張士誠，定鼎南京，建號稱帝，由劉伯溫親自選定風水寶地，開工興建宮殿。朱元璋住進建好的皇宮後，沒事便到處走走，熟悉一下環境。

一天他走到一間剛完工的大殿裡，看著雕樑畫棟，金碧輝煌，回想自己當年當和尚的情景，不禁感慨叢生，四下顧望無人，便信口把心中所想說了出來：「唉，我當年不過為饑寒所迫，想當個盜賊，沿江搶掠些金銀財物而已，哪曾想能有今日這番氣象。」

說完後，仰面觀看棚壁，卻嚇了一跳。原來有一個漆匠正在一個大樑上做最後的油漆工作，由於梁木寬大，朱元璋先前竟沒發現他。

朱元璋馬上意識到自己一時衝動失言，一番只能藏在心底，不能讓任何人知道的真實想法可能都已經落入這名漆匠耳中了。如果不殺人滅口，勢必會傳揚得四海皆知，那可是丟人丟臉又不利於自己以天命愚弄百姓的大事。

他開口叫那名漆匠下來，連喊了幾遍，漆匠充耳不聞，繼續慢條斯理地做著手中的工作。朱元璋大怒，加大了音量喊，那名漆匠彷彿才聽到聲音，忙下來跪在朱元璋面前，叩頭說：「小人不知陛下駕到，沒有及時避開，冒犯了陛下，請陛下恕罪。」

朱元璋怒聲道：「你耳聾了嗎？怎麼我都叫了你幾遍你都不下來？」漆匠叩頭說：「陛下真是英明皇帝，連小人耳朵有點聾都知道。陛下聖明，這是小人和萬民的莫大福份。」

朱元璋生性多疑，但看漆匠臉上神色並無太大變化，心想他驟然聽到這樣大的祕密，自然知道厲害，若不嚇得掉下來，也會面無人色，斷不會如此平靜，看來他真的是耳朵不靈重聽的人呢。

也是朱元璋心情好，又見漆匠把自己的宮殿工作做得也不錯，也很會說話，便擺擺手讓他繼續做事。

這名漆匠當晚找個藉口逃出皇宮，連夜逃回家中，攜帶妻小躲避他鄉。而朱元璋後來因為國事繁忙，根本記不得這件事了。

歷史智慧

那名漆匠的才能或許並不比朱元璋差，看他驟然聽到天大的祕密卻不驚不慌的態度，真有「泰山崩於前而色不變」的大將風度，又馬上能想到用耳聾重聽這招來保護自己，這份機智也是人所難及。

讓對手窩裡鬥

在激烈的競爭中，遇到難辨的事情時，用特殊策略把對方的主力或是當事人架空，使對方無法與自己競爭，這種方法常用於兵戰、商戰中。

三國赤壁交兵之時，曹操重用蔡瑁、張允，日夜操練水軍，對周瑜依託長江的水上防禦造成了極大的威脅。

後來，曹操得知周瑜暗窺他的水寨，氣得額上青筋直冒，對諸將說：「從前與東吳水戰輸了一陣，挫傷了我軍的銳氣。現在又被他窺探我們的軍寨，我們應用何計破之？」

這時，曹操手下一謀士蔣幹（字子翼）站出來獻計。他說：「我自幼與周郎同窗交契，願憑三寸不爛之舌，去江東遊說此人來降。」

周瑜聽說蔣幹來訪，以禮相待。大擺酒席，列奏軍樂，輪番行酒，款待蔣幹。晚上，周瑜攜蔣幹入帳，與諸將再飲。飲至晚上，點上燈燭，周瑜自舞劍歌唱，滿堂歡愉。至深夜，蔣幹告辭說：「不勝酒力。」周瑜命撤宴席，諸將一一辭出。

周瑜對蔣幹說：「好久沒有與子翼同榻，今宵二人抵足而眠。」於是佯裝大醉，攜蔣幹入帳休息。周瑜和衣臥倒，流涎嘔吐，形態狼藉。蔣幹怎麼也睡不著，伏枕聽時，軍中鼓打二更；看帳內，殘燈尚明；看周瑜時，鼻息如雷。

蔣幹見帳內桌上堆著一卷文書，便起床偷看，竟都是軍務往來信件。內有一封，上面寫著「蔡瑁、張允謹封」。蔣幹大吃一驚，暗暗讀之。

書略曰：「我們降曹，不是為了圖什麼官俸，迫於形勢罷了。現在已將北軍困在寨中，只要找到機會，我們會立即將曹賊之首獻於麾下。早晚人到，便有關報。幸勿見疑。先此敬複。」

蔣幹讀後想道：「原來蔡瑁、張允暗中勾結東吳……」

蔣幹將書暗藏於衣內，想再檢看其他書信時，見床上周瑜翻身，便將燈吹熄就寢。周瑜故作說夢話：「子翼，我數日之內，教你看曹操的腦袋！」

蔣幹躺在床上，將近四更，只聽得有人入帳，喊：「都督醒否？」

周瑜夢中做忽覺之狀，故意問那人：「床上睡著何人？」

那人答：「都督請子翼同寢，怎麼忘了？」

周瑜懊悔說：「吾平日未嘗飲醉，昨日醉後失事，不知可曾說什麼話？」

那人說：「江北有人到了。」

周瑜低喝：「低聲！」便喊：「子翼。」蔣幹只裝作已睡著。周瑜悄悄出帳。蔣幹側耳偷聽，只聽有人在外報告似的說：「張、蔡二位都督說：『急切不得下手……』」後面的話聲音很低，聽不清楚。

不一會兒，周瑜入帳，又喊：「子翼。」蔣幹只是不應，蒙頭假睡。睡至五更，蔣幹起床喊周瑜。周瑜卻裝著睡熟。

蔣幹戴上頭巾悄悄出帳，喚了小童，直接出轅門。軍士不予阻擋。蔣幹下船，飛也似的回見曹操。

曹操問他：「子翼的事幹得如何？」

蔣幹說：「雖然未能說服周瑜，卻替丞相打聽到一件事。」在喚左右摒退後，蔣幹取出書信，將打聽的張、蔡投降書信之事逐一說與曹操。

曹操大怒，命令武兵將二人推出斬首。片刻間，刀下頭落。等曹操醒悟過來時，追悔莫及，說：「我中計了！」

周瑜巧借蔣幹、曹操之「刀」，除掉了魏軍中熟悉水戰的兩位大將。這事情能夠辦得天衣無縫，關鍵在於周瑜把問題的焦點引到了曹營內部，從而使自己保住了水戰的優勢，為赤壁之戰的勝利奠定了基礎。

歷史智慧

讓對手窩裡鬥，是消耗對手實力的最佳辦法。在旁邊靜觀其變，找準有利時機來收拾對手內部消耗之後的殘局。

開外掛人生的歷史智慧

金無足赤，人無完人。別人有錯的時候要故作不知，事後自圓其說，把別人的錯攬在自己身上，盡力彌補。

中國人酷愛面子，視尊嚴為珍寶。稍有點地位的人更加愛面子。若他不慎做了錯誤的決定或說錯了什麼話，如果別人直接指出或揭露他的錯誤，無疑是向他的權威進行挑戰，這會讓他很沒有面子，會損害他的尊嚴，刺傷他的自尊心。因此，別人錯了的時候，也要維護他的尊嚴。要選擇合適的時機和場合，採取合適的方式，防止自討沒趣。

別人出現失誤或漏洞時，往往害怕馬上被人批評糾正。有些人直言快語，肚裡藏不住幾句話，發現他人的疏漏就沉不住氣。

他人有錯時，不要當眾糾正。如果錯誤不明顯、不關大局，其他人也沒發覺，不妨「裝聾作啞」，等事後再予以彌補。

無論做什麼事情，遇見別人出錯的時候，作為旁觀者都要顧人情面，然後自圓其說，想辦法補救。這樣做既顯得通達人情，又能讓人看到你的靈活應變，一舉兩得。

第五章

收服人心，優化利益創造雙贏

要搞定人心就得要先洞悉人心，有孔必鑽，無孔也要入。有孔者，擴而大之；無孔者，取出一個「鑽」字，新開一孔再鑽進去。

殺雞儆猴，震懾人心

殺雞儆猴，是統治者用來鎮壓民眾或威懾人心的慣常手段。人們一旦提起，總感覺其帶有些陰暗的色彩。但「殺雞儆猴」這一潛規則運用得當，不僅能起震懾人心的作用，更能讓自己處於人生的主動地位。

齊國人孫武是中國古代偉大的軍事家，被譽為兵學的鼻祖。他因內亂逃到吳國，把自己所著的兵法敬獻給吳王闔閭。

闔閭說：「您寫的兵法十三篇，我都細細讀過了，您能當場演示一下陣法嗎？」

孫武回答：「可以。」

吳王又問：「可以用婦女進行試練嗎？」

孫武又答：「可以。」

於是吳王派出宮中美女一百八十人，讓孫武演練陣法。

孫武把她們分成兩隊，讓吳王最寵愛的兩個妃子擔任隊長，每位宮女手拿一把戟。

孫武問她們：「你們知道自己的心、左右手和背的部位嗎？」

眾女答：「知道。」

孫武說：「演習陣法時，我擊鼓發令：讓你們向前，你們就看著心所對的方向；讓你們向左，就看著左手所對的方向；讓你們向右，就看著右手所對的方向；讓你們向後，就轉向後背的方向。」

眾女齊聲道：「是。」

孫武將規定宣佈完後，便陳設斧鉞，又反覆強調軍法。

一切準備妥當後，孫武擊鼓發令向右，宮女們卻嬉笑不止，不遵奉命令。孫武說：「規定不明確，口令不熟悉，這是主將的責任。」

於是他重新申明號令，並擊鼓發令向左，宮女們仍然嬉笑不止。

孫武說：「規定不明確，口令不熟悉，這是主將的責任；現在既然已經明確，你們仍然不服從命令，那就是隊長和士兵的過錯了。」說罷，便命斬殺兩名隊長。

當時吳王正站在觀操臺上，見孫武要斬殺他的兩個愛妃，大吃一驚，急忙派人向孫武傳令：「我已經知道將軍善於用兵了。沒有這兩個愛妃，我連吃飯也沒有味道，請您不要殺掉她們。」

孫武回答說：「臣既然已受命為將帥，就應該盡職盡責做好分內的事。將帥在處理軍中的事務時，君主的命令如果不利於治軍，可以不接受。」

說完，仍下令斬殺兩名隊長示眾，並重新任命兩名宮女擔任隊長。

孫武再次擊鼓發令，宮女們按照鼓聲向左向右，向前向後，跪下起立整齊劃一，一舉一動完全符合孫武的要求，再沒有一個人敢發出嬉笑聲。

春秋時期，齊景公任命田穰苴為將，帶兵攻打晉、燕聯軍，又派寵臣莊賈做監軍。穰苴與莊賈約定，第二天中午在營門集合。

第二天，臨行前，穰苴早早到了營中，命令裝好作為計時用的標杆和滴漏盆。然而約定時間已過，可是莊賈遲遲不到。

穰苴幾次派人催促，直到黃昏時分，莊賈才帶著醉容到達營門。穰苴問他為何不按時到軍營來。莊賈一臉無所謂，只說什麼親戚朋友都來為他設宴餞行，他總得應酬應酬吧？

穰苴非常氣憤，斥責他身為國家大臣，負有監軍重任，卻只戀自己的小家，不以國家大事為重。莊賈認為這是區區小事，仗著自己是國王的寵臣親信，對穰苴的話不以為然。

穰苴當著全軍將士的面，叫來軍法官，問：「無故延誤時間，按照軍法應當如何處理？」

軍法官答道：「該斬！」

穰苴當即命令拿下莊賈。莊賈嚇得渾身發抖，他的隨從見勢不妙，連忙飛馬進宮，向齊景公報告情況，請求景公派人救命。

但在景公派的使者趕到之前，穰苴已經下令將莊賈斬首示眾。全軍將士看到主將敢殺違反軍令的大臣，個個嚇得發抖，誰還敢不遵將令。

景公派來的使臣飛馬闖入軍營，拿景公的命令叫穰苴放了莊賈。

穰苴沉著地應道：「將在外，君命有所不受。」

他見使臣驕狂，便又叫來軍法官，問道：「亂在軍營跑馬，按軍法應當如何處理？」

軍法官答道：「該斬！」

使臣嚇得面如土色。

穰苴不慌不忙地說道：「君王派來的使者，可以不殺。」

於是下令殺了他的隨從和馬匹，並毀掉馬車，讓倒楣的使者回去報告情況。

作為部隊的指揮官，必須做到令行禁止、法令嚴明。否則，指揮不靈，令出不行，士兵如一盤散沙，怎能打仗？所以，歷代名將都特別注意嚴明軍紀，管理部隊剛柔相濟，關心和愛護士兵，但決不能有令不從，有禁不止。所以，有時採用「殺雞儆猴」的方法，個別抓住害群之馬從嚴處理，就可以達到震懾全軍將士的效果。

實現野心要名正言順

大凡成大事者都有驚人的野心，但智者知道如何控制勃勃雄心，在條件不具備時不輕易顯露。唯有在一切都「水到渠成」之時，野心才能真正實現，所以凡事不必操之過急，要遵循循序漸進的發展規律。

武則天本是唐高宗的愛姬。西元六八三年，唐高宗頭眩病復發，不治身亡。繼位的唐中宗李顯品性庸懦，毫無主見，凡事都對母親武則天言聽計從，執政大權漸漸落入武則天手中。

昔日唐高宗在位時，因患有頭眩病，自西元六六〇年起，便把大小政事多半委託皇后處理，自己好清心養性，武則天也因此漸漸掌握了朝中大權。高宗一死，繼位的又是她的兒子，要想廢黜只是一句話而已。因此，武則天不覺野心萌動，想要嘗試一下當女皇帝的滋味。

然而，在一個父權為上的男性社會裡，傳統的男尊女卑的觀念早已深入人心，要撼動談何容易。

中宗被廢後，武則天故意試探性地問群臣：「此後應由何人承續帝位？」宰相應聲答道：「就立豫王李旦為帝。」

李旦是武則天和唐高宗所生的最小兒子。其他人也眾口一詞，沒有一個人想到武則天是自己想過一把當皇帝的癮。群臣的意見讓武則天心涼了半截，但也對她打了一針清醒劑，她知道，自己現在做皇帝還不是時候。

迫於無奈，她只好暫立豫王李旦做了掛名皇帝，是為唐睿宗。即使如此，仍有不少大臣屢屢站出來勸諫，要武則天儘早把權力還給皇帝李旦。

李敬業甚至召集十餘萬兵馬，發誓要殺掉這個想篡奪大唐江山的女子。大文豪駱賓王也揮毫抒憤，寫出了力透素紙、千古名揚的《討武檄文》，追隨李敬業麾下，兵敗而不知所終。之後仍有許多州縣的一大批刺史起兵討武……

面對如此強大的反對力量，武則天心裡明白，雖然此時在朝中說句話她就能坐上皇帝的寶座，但眾人不服，民心不穩，這樣的女皇無法長久，也可能在歷史上留下惡名。於是，她放眼前途，決定費些時間大造聲勢，設法改變人們的觀念，改變民眾對女人——尤其對她這個與眾不同的女人的敵視態度。

首先，武則天表面上裝作歸政李旦，暗地裡卻讓李旦寫表堅決推辭，而自己則像是迫不得已才臨朝，掌握皇權。

接著，她又讓姪子武承嗣派人在石頭上刻上「聖母臨人，永昌帝業」八個大字，塗成紅色，扔進洛水，再由雍州人唐同泰取來獻給朝廷。

武則天親祭南郊，告慰神靈，稱此石為「授聖圖」，改洛水為永昌洛水，封洛水神為顯聖侯，給自己加號聖母神皇，封唐同泰為遊擊將軍，並舉行了聲勢浩大的拜洛受瑞儀式，使人以為她當皇帝乃是奉循上天的旨意。

而後，她又暗使高僧法明杜撰了《大雲經》四卷，遍送朝廷內外。《大雲經》中在醒目的位置稱武則天本是彌勒佛的塵世化生，理當代為主宰唐朝。武則天便令兩京諸州官吏，使百姓大讀特讀，並專門建寺珍藏。

此外，她又令侍御史傅遊藝率關中的百姓九百餘人，來朝廷上表，懇請武則天親臨帝位。武則天佯裝不答應，卻馬上把傅遊藝提升為給事中。如此升官捷徑，哪個不會效法？於是，百官宗戚、遠近百姓、四夷酋長、沙門道士競相仿效傅遊藝，上表奏請武則天當皇帝。上表者竟多達六萬餘人。

如此大造輿論，眾人都覺得武則天做皇帝已是上應天意下順民心，勢所必然。百官群臣也樂得順水推舟，請求武則天早日登基，就連掛名皇帝李旦竟也認為自己這個皇帝是搶了母親的位，親自上表請求改姓武。

此時時機成熟，武則天才廢了李旦，親自登基為帝，反對者聲息皆無，她這個皇帝也就坐穩了。

武則天是位深知歷史潛規則的女中豪傑，她對民眾的心理和她身邊的局勢可謂瞭若指掌。雖然她有雄心，但並不急於行動，而是借助各方力量，為達成自己真正的意圖搖旗吶喊，使一切都是那麼順理成章。武則天也樂於「順水推舟」，牢牢地坐定了自己的寶座。

這對於那些有志向的人，最大的啟示莫過於要懂得隱藏自己的雄心，別讓自己過早地成為「眾矢之的」，以致讓目標流於失敗。

讓人心服，而非征服

「讓人心服，而非征服」是歷來統治者秘而不宣的治國之道。不到萬不得已，統治者一般不會採取武力為之，因為人心永遠不是武力所能征服得了的。讓人心服才有最佳的效果。

東漢的開國皇帝劉秀精於謀略，智勇兼備。劉秀在爭伐天下的過程中，十分注重御心之術，很多棘手的問題他都能輕鬆化解，最終戰勝所有對手，擁有天下。

建武三年（西元二十七年），劉秀親率大軍前往宜陽，截斷了赤眉軍的退路。

赤眉軍的小皇帝劉盆子驚懼萬分，他對自己的哥哥劉恭說：「我們雖有十萬大軍，卻早已是驚弓之鳥，無力再戰了。我苦思無計，萬望兄長能來救我。」

劉恭頗有才智，他點頭說：「戰之無益，眼下保命要緊。劉秀乃是你我劉氏的宗親，請允許我懇求於他，放我等十萬兵眾一條生路。」

劉盆子就此事和眾將商議，有人便憂心地說：「此議雖好，怕只怕劉秀不肯。如今敵強我弱，不比昔日，他為了消除隱患，又怎能真心饒我們不死呢？與其受辱也不能免死，不如拚死一戰。」

眾將猶豫，劉盆子更是放聲大哭，劉恭見狀開口說：「為了萬千將士的性命，我還是主張懇求劉秀開恩。倘若事不如願，我劉恭自然會和你們誓死抗敵。」

於是劉恭求見劉秀，說明歸降之意後，劉恭又說：「陛下能有今日的成就，可知是為什麼嗎？」

劉秀一笑說：「敗軍之將，有什麼資格能評說朕？」

劉恭嘴上不停，又道：「赤眉軍曾有百萬之眾，竟有今日之敗，陛下也不想知道什麼原因嗎？」

劉秀凜然正色，平聲說：「早就聽說你多有見地，朕且容你敘說一二。如果你言語不實，巧言惑人，朕定要嚴加治罪。」

劉恭苦笑言道：「赤眉軍殘暴待民，百姓怨恨，終成不了大事。陛下仁愛謙和，善收民心，百姓擁戴，方有時下大功。陛下雖取天下，若能再施仁義，赦免我將士，一來可以增加陛下的美名，二來可以保陛下江山不失，變亂不生，不知陛下可曾作此設想？」

劉秀臉上不動聲色，心中卻為劉恭之語深深打動，他故意反駁說：「你們無力再戰，才會主動請降，倘若只是一時權宜之計，朕豈不上了你們的大當？朕實在很難相信你。」

劉恭卻不辯解，只說：「莽賊不仁，方有天下之亂。他屢次使用武力和軍隊殘害百姓，其報也速。在下話已言盡，全在陛下裁斷。」

劉秀和群臣議事之時，將劉恭所言複述一遍，他感歎說：「天下還未大定，劉恭的話不可不聽啊。我們剿滅赤眉軍容易，但要憑此征服民心可就大錯特錯了。百姓不服，天下就不會真正太平，這才是朕最擔心的事。」

劉秀於是再次召見劉恭，答應了他們的投降請求。

劉秀又下令賜給他們食物，讓長期饑餓不堪的十萬赤眉軍將士吃飽了肚子。

劉秀還安撫劉盆子說：「你們雖有大罪，卻有三善：你們攻城占地，富貴之時，自己的原來妻子卻沒有捨棄改換，此一善也。立天子能用劉氏的宗室，此二善也。你們諸將不殺你邀功取寵，賣主求榮，此三善也。」

劉秀的手下深恐赤眉軍再起叛亂，私下對劉秀說：「陛下仁愛待人，只須安撫住赤眉軍將士即可。劉盆子身為敵人頭領，難保不生二心，此人不可不除啊。」

劉秀對手下人說：「行仁之義，全在心誠無欺，如此方有效力。朕待他不薄，他若再反，那是他自取滅亡；朕若背信枉殺，乃朕之失，自不同也。」

劉秀對劉盆子賞賜豐厚，還讓他做了趙王的郎中。人們在稱頌劉秀的賢德時，天下的混亂局面也平息下來，日漸安定。

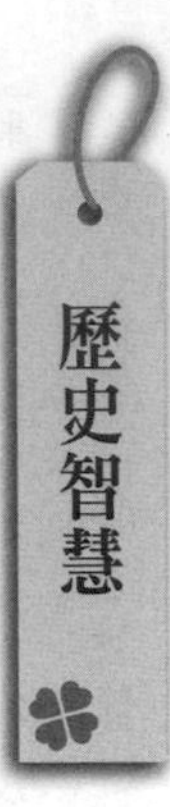

有遠見的統治者絕不會一味殘暴用事，他們縱是情有不願，在特殊的時候還是要展示他們「仁慈」的一面。「仁慈」往往比殺戮更有力量，對本性善良的百姓尤見功效。兇殘的統治者使強用狠，他們輕視民眾、迷信武力，這只能是他們頭腦簡單的反射，民心不可用武力來征服，任何人都不可使之改變。

民心所向，善用者王

老百姓都嚮往的事，代表著人心的指向，善於利用和順應民心所向之人，方能成就霸王之業。

秦二世元年七月，由陽城去漁陽戍邊的九百名農民，在大澤鄉時因暴雨被困，無法前行。

按照秦朝法律，無論何故，如果過了朝廷的期限，這些人都要被斬首。一時之間，九百人雖心急如焚，卻又無可奈何，人人都感到了厄運的臨近。

雇農出身的陽城人陳勝不甘這樣等死，他私下對同行的吳廣說：「大丈夫生而為人，如此喪命豈不可惜？與其白白送死，倒不如聚眾一搏，或許有一線生機，你以為如何？」

吳廣深表贊成，說道：「朝廷無道，老百姓全無生路，早該反了。只是你我無權無勢，如果不能召集大家一同起事，毫無勝算啊。」

陳勝長歎一聲，憂心說：「你我有心，奈何別人心懷僥倖，是一定不會聽我們號令的。這個問題不解決，我倆只能等死，該想個妙法才行啊。」

二人頓感氣餒，相對無言。

突然，吳廣哀歎一聲，苦笑說：「你我都是草民一個，天生的賤命！如果咱們是落魄的王孫貴族，說話的份量自是不同了。可笑人們都相信他們，相信天命，這有什麼辦法呢？」

一句話提醒了陳勝，他眼中一亮，思忖片刻，這才出語道：「人窮命薄，難以服眾，但我們可以巧借天意啊。如果耍些手段，讓他們相信天命在我，自無人敢不服從了。到時我們再陳述利害，這事必能達成。」

二人興奮起來，又商議打著興楚的旗號，藉以聚眾。一切籌畫好後，兩人便分頭行事。

第二天，做飯的部卒在買回來的一條魚腹中，竟取出了一張帛書。更奇怪的是，帛書上清楚地寫著「陳勝王」三個字。

此消息不脛而走，戍卒們人人驚駭，議論紛紛。

陳勝見計策已見奇效，和吳廣會心一笑，陳勝偷偷對吳廣說：「人們既信天命，我們就該再動動腦筋了。我見眾人仍有狐疑，似乎沒有完全相信，不如我們再進行一個計策。」

夜裡，戍卒圍著篝火取暖，忽聽遠處傳來狐狸的叫聲，叫聲中竟夾雜著人言，喊著：「大楚興，陳勝王！」

九百戍卒中原本都是楚國人，楚人又都特別迷信鬼神，接連兩件怪事發生，他們轉而認定陳勝不是平凡人了。對陳勝一下多了幾分敬畏，確信他是上天派來的神人。

陳勝見巧計成功，於是趁勢殺了兩個押送戍卒的將尉，他把大家召集在一處，振臂高聲言道：「我陳勝不想枉死，更不忍心眼看著大家受苦受難。俗話說『楚雖三戶，亡秦必楚。』這是天命，我陳勝就要帶領大家做此大事。天命不可違，只要順從天意，不但強秦可滅，大家更可稱王稱侯，這是千載難遇的良機，大家可願聽我號令？」

眾戍卒已經把陳勝視為天人，今又見他帶頭造反，更加相信他是應命而生的貴人了。想想自己的兇險處境，別無他路，於是又增加對陳勝拯救自己的感激之情。眾戍卒不再猶豫，於是群情洶湧，齊聲回應。

陳勝首舉義旗，附近的百姓也聞訊加入，隊伍一下發展了數萬人。陳勝稱王，攻城掠地，秦王朝從此走向滅亡。

歷史智慧

老百姓似水，君王如舟船。水能載舟也能覆舟。如果是眾多百姓一致認定的事，不是靠行政手段和武力鎮壓所能阻止、改變得了的。而善於利用這一點的人，就能成就霸業。

唯行公理正義，方得各方助力

人常說：「得道多助，失道寡助。」一個有作為的人，一定是懂得贏取正義力量幫助的人。

范文程的曾祖父曾任明朝的兵部尚書，一六一八年，努爾哈赤攻下撫順時，范文程去拜見努爾哈赤，表達了投效之意。努爾哈赤故意考問范文程說：「你身為大明名臣之後，本該為大明效忠，為何卻叛明投我呢？」

范文程回答道：「明君無道，百姓苦難，我不是腐儒，自不肯愚忠一世了。」

努爾哈赤和他談話之後，見他見識過人，機智多才，十分愛惜，他對各貝勒說：「奪取天下，范文程這樣的才俊當有大用。他不以我等為叛逆，說明他獨具慧眼；我等征服中原，也不能視明人都是逆賊了，這樣才能爭取民心。這個道理，是范文程教我的，你們都要善待他。」

皇太極即位後，對范文程更為器重，讓他隨侍左右。一六三一年，清軍招降了守城的明官兵，其中已投降的蒙古兵又起叛心，想要殺害他們的將領，事情未果。

皇太極震怒之下，想要把那些蒙古兵一律誅殺，范文程在旁邊提醒說：「陛下以武力讓他們暫時屈服，他們不真心歸降也是意料之中的事。他們再次叛亂，早將死亡置之度外，陛下殺他們雖能洩了私忿，而對收取人心卻害處太多，此事不可為啊。」

皇太極氣猶未消，說：「征戰沙場，殺人不可避免，若只施仁義，人不畏懲，豈不叛者逾多，士不奮戰？」

范文程爭辯說：「明人不知我大清仁慈，反抗是當然的。陛下若能廣施恩德，少殺多惠，人心漸漸就會歸附於我。寬恕他們只能讓敵軍陣營分化，傳陛下之美名，以此征伐天下，有百萬大軍之功效，陛下不可小視。」

皇太極聽了直點頭，赦免了那些蒙古人的死罪。消息傳出，堅守西山的明軍鬥志瓦解，范文程單槍匹馬去勸他們投降，結果他們全都放下了武器。

范文程為皇太極謀劃大事，常向他進諫征服民心之策。他勸皇太極養德修身，教化百姓，推行德政，皇太極時刻都無法離開他。每有要事，他總是對大臣說：「范章京知道此事嗎？」

遇到范文程有病在家之時，皇太極便不急於處理一些朝政大事，直等他病好了再作決定。有的大臣嫉妒范文程，對皇太極說：「范章京終為明臣之後，身為漢人，他未必和我大清一心。他以收取人心為名，處處向著漢人，難道就沒有他的私心？陛下對他寵信太過，也該有所保留才是。」

皇太極訓斥他們說：「先皇和朕誠心對他，不是逼迫使他效命，他的忠心絕無可疑。你們雖為滿人，但又有多少皇親國戚反對過朕呢？朕用心對人，然不識朕心者大有人在，朕能一再不予追究，施恩不止，這都是范章京所教的結果。否則，你們這些嫉賢妒能之輩，還能站在這裡和朕說話嗎？」

清世祖即位之後，睿親王多爾袞率領大軍討伐明朝。范文程擔心多爾袞殘忍好殺，於是連忙上書說：「中原百姓以為我大清為叛逆，勢必拚死反抗。大王如果以暴制暴，以殺為能，中原就難以平定。從前，我們放棄遵化城，屠殺永平的百姓，已讓中原百姓對我們深有疑慮了。如果今後不加約束，統一天下的大業就難以完成。大王應該嚴明紀律，秋毫無犯，讓明朝官吏擔任原職，恢復百姓的家業，錄用有才能的人，撫恤那些處境艱難的人。用大公傳達我朝的仁念，用行動解除世人的疑惑，這樣安定了百姓，叛亂的人才有心歸順，我們遇到的抵抗才會減少。」

明朝都城被清軍攻克後，多爾袞採納了范文程的建議，為崇禎帝辦喪事，安撫戰亂中的百姓，起用廢棄的官吏，搜求隱藏和逃逸的名士，重新制定法令。這些措施和舉動在收取民心上起了極大作用，為清朝最後平定天下奠定了基礎。

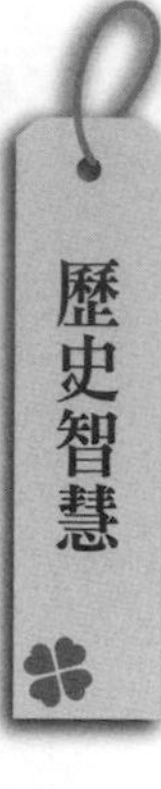

征服人心是治亂的根本之道，強權和高壓無法消除叛亂的根源。讓人從心裡畏服是最難的，也是短視者與強硬派不願施行的，這是他們智慧不足的表現，也是他們德望低下、自信心不強的體現。其實，在正逆之間，有時界線並不分明，如果盲目以正義自居，濫施淫威，在道義上便失去了正義的力量。以德服人重在付諸行動，不能因噎廢食。

得民心者得天下

得民心者得天下，這是不變的真理！民心像是滲透萬物的水，能載舟，也能覆舟。順應民心，則昌；違逆民心，則亡。

齊景公到了晉國，與晉平公飲酒，樂師師曠作陪。齊景公向師曠請教如何治理國家，說：「太師將教誨寡人什麼呢？」

師曠說：「君主必須施恩於民。」

齊景公來到館舍又向師曠請教如何治理國家，說：「太師將教誨寡人什麼呢？」

師曠又說：「君主一定要施恩於民。」

齊景公出了館舍，趁著師曠來送行，又問同樣的問題。

師曠還是說：「君主一定要施恩於民。」

齊景公回到住處，苦苦思索，酒還未醒，已經悟出了其中的含意。

原來，齊景公有兩個弟弟，一個叫尾，一個叫夏，都很得齊國民眾的人心。

兩個弟弟都很富有，民眾爭相依附，勢力可以和皇室抗衡，這可是危及君主的跡象呀！

這麼一想，齊景公豁然開朗。現在師曠一再勸我施恩於民，目的是要我和兩個弟弟爭奪民心。於是，齊景公火速返回齊國，打開糧倉，把糧食分給饑餓的貧民；打開府庫，把多餘的錢財分給無依無靠的老人和孩子；把沒有臨幸過的宮女嫁了出去；對七十歲以上的老人，國家按時供應衣服和糧食。

民心，固國之本，得民心者得天下。齊景公用施惠於民的方式，與兩個弟弟爭奪民心。最終，民心歸順，百姓依附。他的兩個弟弟爭不過他，只好逃往他國。

彰顯君子之德，將影響力極大化

要取得人生的成功，影響力是關鍵因素，而一個具有君子之德的人，更容易在成功路上左右逢源。

孟嘗君在自己的領地廣招門人食客，並給予優厚的待遇。於是，天下有識之士，都競相投奔歸附。一時間，食客就達數千人，影響甚大。

秦國對孟嘗君的才能深為恐懼，便使用了離間之計，使孟嘗君失去了齊國相國的職務。樹倒猢猻散，他的食客也接二連三地離開了他。

後來，他的食客中有位叫馮諼的人，用計使孟嘗君官復原職。孟嘗君感歎地對馮諼說道：「我待客熱情，在款待上也沒什麼疏忽，以致食客人數達到了三千有餘。但是我一旦失去地位，他們全都背棄我而去，沒有人來看望我。幸好有你助我一臂之力，才重新恢復了地位。那些傢伙有什麼臉面再來見我？如有厚著臉皮回到我這兒來的人，我必將朝他臉上吐口水而大加羞辱。」

而馮諼卻對他說：「富貴時，大家都來投奔；落魄了，朋友四處流散，這是人之常情。您看菜市場，早晨人們熙熙攘攘，到了晚上就變得空空蕩蕩了。這並不是人們喜歡早晨，討厭晚上，而是因為早晨有要買的東西，所以人們聚集到市場上，而晚上沒有東西可買，人們就不去市場了。食客們由於您喪失地位而離開您也同於此。這是由於他們索求的東西沒有了，所以您不應記恨他們。」

孟嘗君聽馮諼這樣一說，立刻心領神會，仍一如既往地對待再次歸附到他門下的食客們。

孟嘗君面對此事雖然憤怒，但還是替別人多想了一些：食客們之所以投奔而來，是對自己抱有很大的期望，想在相國身邊力求表現；自己失勢了，對方的期望落空了，哪有不走之理？所以，是自己的沉浮，影響了他們的去留。孟嘗君想通了便不再記恨他們，展現了他的君子風度。

一個統御他人的人，要最大限度地發揮自己的影響力。虛懷若谷既是精神操守，又是謀略手段。「君子之德如風」，寬容大度必能感服部屬，贏得人心。

心戰為上，兵戰為下

孫子兵法中說「不戰而屈人之兵」才為上策，從心靈上制伏他人，才是真正的制伏。

在劉備病死白帝城時，南方地區一個很有威信的少數民族首領孟獲，發動西南一些部族起來反抗蜀國。

為防止蜀國遭到內外夾攻，諸葛亮派人去向東吳孫權講和。同時，他興修水利，發展生產，積蓄糧草，訓練兵馬。經過兩年時間的艱苦努力，蜀中形勢走向穩定，諸葛亮決定率領大軍，兵分三路，親自率軍征討孟獲。

出發時，參軍馬謖對諸葛亮說：「孟獲叛將依仗那裡地勢險要，離成都距離遙遠，很久以來就不服從朝廷的管束。您今天用武力打敗他，您一回師，他明天又可能叛變。所以，對付他攻城為下，攻心為上。此次出征我認為不應以消滅孟獲人馬為目的，而應該從心理上征服他，這樣才能收到好效果。」

馬謖的話，也正是諸葛亮心裡所想的。諸葛亮讚許地點點頭，說：「你的建議很好，我一定會照這樣去做。」

孟獲得到諸葛亮率軍出征的消息，連忙組織人馬進行抵抗。

諸葛亮了解到孟獲作戰勇猛，力大無窮，性格耿直豪爽，說一不二，但缺少計謀。於是，一個降伏孟獲的作戰計畫便在諸葛亮的頭腦裡逐步形成。

首先，他向全軍發出命令：對敵人首領孟獲，只能活捉，不要傷害。接著，他把大將王平叫到跟前，低聲對王平講了幾句。王平會意，便帶領一支人馬，衝進孟獲的營寨。孟獲連忙迎戰，交戰沒有多久，王平猛然調轉馬頭，向荒野奔去。

孟獲見王平敗逃，心頭有說不出的高興。他馬上喝令手下的人，快速向前追趕。

王平來到一個谷地，兩岸是陡峭的絕壁，腳下是狹窄崎嶇的小路。沒走多遠，王平猛地一下轉過身來，眼睛望著緊隨而來的孟獲，彷彿要和他在這裡決戰。

孟獲不知是計，握緊戰刀，催馬前趕。還沒接近王平，忽聽後面喊殺聲震天。轉頭一看，孟獲才發覺自己已被蜀軍包圍。

孟獲任憑自己如何勇猛無敵、力大無窮，終究敵不過蜀軍大隊人馬的輪番進攻。漸漸地，他感到體力不支、氣喘吁吁了。又有一隊蜀軍從四面包圍過來，孟獲心裡一驚，馬兒突然向上一躍，孟獲從馬上跌落在地，被衝上來的蜀軍捆了個結結實實。

孟獲被押到諸葛亮面前，以為自己必死無疑。不料諸葛亮走下帥台，親自為他鬆了綁，並好言好語勸他歸順。

孟獲大聲說：「這次是我不小心從馬上跌下來，被你們捉住，我心裡不服！」

諸葛亮也不斥責他，把他帶到蜀軍營地四處走走看看，然後問他：「孟將軍，你認為我蜀軍人馬如何？」

孟獲高傲地說：「以前我不知道你們的陣勢，所以敗了。今天看了你們的營地，我覺得也沒有什麼了不起！下次我一定能打敗你們！」

諸葛亮坦然一笑，說：「那好哇，你現在就回去，好好準備準備，我們再打一仗。」

孟獲回到部落，重新召集人馬，積極籌備與蜀軍的第二次交戰。有勇無謀的孟獲，哪裡是蜀國丞相諸葛亮的對手！沒出一天功夫，孟獲再次被蜀軍將士生擒了。

諸葛亮對孟獲好言好語勸慰一番，又將他放了。這樣捉了放，放了捉，反反覆覆進行了七次。

孟獲第七次被捉，終於被諸葛亮的誠意感動了。他流著眼淚說：「丞相對我孟獲七擒七縱，真可稱得上仁至義盡，是自古以來都沒有的事啊！我從心裡佩服丞相。從今以後，我絕不再反叛了。」

孟獲被釋放以後，立刻會見各部族的首領，萬分感慨地對大家說：「蜀國丞相真是謀略過人。他訓練的兵馬，一個個機智善戰，我們再也不要與他為敵、與兵作亂了！」

由於孟獲在各部族首領中威信很高，大夥聽了他的話，不再提什麼反叛的事了。

為了節省軍事開支，避免官府和少數民族再發生衝突，諸葛亮決定不在這裡設一官一府，也不留一兵一卒，仍然請孟獲及各部族首領各自管好自己的屬地，友好相處。

「用兵之道，攻心為上，攻城為下；心戰為上，兵戰為下」。諸葛孔明用兵作戰，非常重視攻心。他七擒七縱收服孟獲，是奪敵將之心的典型例證。它帶給我們的啟示是，在與人競爭時，善於在「攻心」上下功夫，會讓我們贏得真正的成功。

說得好不如哭得妙

哭似乎是女人的專利。但男人若肯放下面子，大流眼淚，效果一定不亞於女人。搜尋古今，善哭的男人倒有幾個，哭得巧妙可以得天下。

政治家是最善用眼淚的，劉備就是最典型的例子。劉備深知「哭」的巨大作用，而且他很會哭。老百姓調侃，劉備的江山是「哭」出來的。哭而能夠得到江山，應該算是哭得高明，哭得巧妙。

赤壁大戰後，劉備按諸葛亮的安排，用詭計奪取了軍事重鎮荊州。周瑜氣得金瘡迸裂，決心起兵與劉備決一雌雄，經魯肅勸說才罷兵言和。但周瑜認為劉備占據荊州始終是東吳稱霸的心腹大患，便命魯肅去向劉備討回荊州。

最初，劉備以輔助姪兒劉琦為理由賴著不還。劉琦死後，魯肅又去討荊州，諸葛亮以「天下者天下人之天下，非一人之天下」來辯護，並立下文書，取了西川後再歸還荊州。魯肅無奈，只好空手而回。後來，劉備娶了孫權的妹妹，做了東吳的乘龍快婿，孫權又要魯肅討還荊州，厚臉皮的劉備已經黔驢技窮，問計於軍師諸葛亮。

諸葛亮說道：「主公只管放聲大哭。待哭到悲切處，我自出來勸解，荊州無大礙也。」

魯肅來後，劉備說：「子敬不必謙虛，有話直說。」

魯肅說：「小人奉吳侯軍命，專為荊州一事而來，就算是一家人了，希望皇叔今日交還荊州為好。」

魯肅說完後，等候劉備答覆。哪知劉備什麼話都不說，卻用雙手蒙臉大哭不已，哭得天昏地暗。

魯肅見劉備哀聲嘶哭，淚如雨下，不禁驚慌失措，急忙問道：「皇叔為何如此，難道小人有得罪之處？」

只見劉備哭聲不絕於耳，哭得淚濕滿襟，成了個淚人兒。魯肅被劉備哭得膽戰心寒。

這時，諸葛亮搖著鵝毛扇從屏風後走出來說道：「我聽了很久了，子敬可知我的主公為什麼哭嗎？」

魯肅說：「只見皇叔悲傷不已，不知其原因，還望諸葛先生指教！」

諸葛亮說：「這不難理解。當初我家主公借荊州時，曾經立下取得西川時便還給東吳的文書。可是仔細想想，主持西川軍政大事的劉璋是我家主公的兄弟，大家都是漢朝的骨肉。若是興兵去攻打西川，又怕被萬人唾罵；若是不取西川，還了荊州無處安身；若是不還，那東吳主公孫權又是大舅子。我主公處於這兩難困境，子敬又三番兩次地來討，因此淚出痛腸，不由得放聲慟哭。」

孔明說罷，又用眼色暗示劉備，劉備聳肩搖膀，捶胸頓足，大放悲聲。

魯肅原是厚道之人，見劉備如此放聲痛哭，動了惻隱之心，以為劉備真的是因無立足之地而哭，便起身勸道：「皇叔且莫煩惱，待我與孔明從長計議。」劉備這一哭，雖然是無賴之舉，但卻有了立足之地。明明是要霸佔荊州為已有，卻裝出一副可憐相。

劉備善於哭，而且哭得十分有心計。劉備定西川不久，關羽因剛愎自用，丟了荊州，劉備要親率大軍前去討伐吳國。諸葛亮等人極力勸阻，認為若是率百萬大軍討伐東吳為兄弟報仇，是存小節而失大義。劉備自然知道這一點，但是「桃園結義」的情結始終丟不下，加上百官勸諫，不讓他出兵，他只好終日以淚洗面。

劉備道：「孤與關、張二人桃園結義時，誓同生死。今日雲長已亡，豈能獨享富貴乎？若不雪恨，乃負昔日之盟也！」說完，又哭絕於地，眾官救醒後，又大哭不已。

一日哭昏過三五次，三天不進水食，終日淚如泉湧，直哭得淚濕衣襟，血淚斑斑。一天不發兵為關羽報仇，劉備一天不止痛哭，這樣號哭終日，夜以繼日，連智多星諸葛亮也無法勸阻。劉備是哭關羽還是哭他自己，只有他本人知道。不過，他這一哭，卻哭出了「義」的形象來。

劉備的「哭功」的確爐火純青，使得這位以哭而聞名天下的皇帝死後，智慧超群的諸葛亮還不得不繼續為劉家賣命。劉備確實會哭。

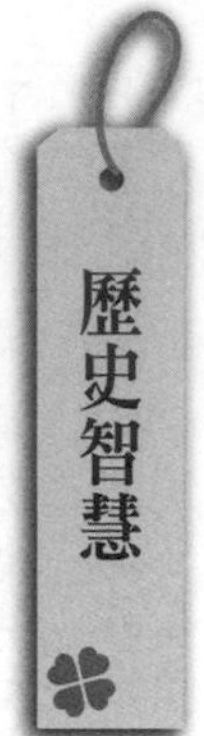

作為一方霸主，都能放下面子以情動人來辦事，我們這些凡夫俗子就更不用在乎了。只要是用情，相信這樣辦事一定能收到很好的效果，這也算得上非常規、極為靈活的辦事策略了。

適時成全別人的好勝心

人人都有自尊心，人人都有好勝心。若要聯絡感情，應處處重視對方的自尊心，適時糊塗，方圓為人，則應該學會抑制自己的好勝心，成全對方的好勝心。

漢初良相蕭何，泗水沛（今江蘇沛縣）人。曾擔任沛縣主吏掾、泗水郡卒史等職，持法不枉害人。

秦末，他隨劉邦起兵反秦，劉邦進入咸陽；蕭何把相府及御史府的法律、戶籍、地理圖冊等收集起來，使劉邦知曉天下山川險要、人口、財力、物力的分佈情況。

項羽稱王後，蕭何勸說劉邦接受分封，立足漢中，養百姓，納賢才，收用巴蜀二郡的賦稅，積蓄力量，然後與項羽爭天下。

為此，他深得劉邦信任，被任命為丞相。他極力向劉邦舉薦韓信，認為劉邦要取得天下非用韓信不可。後來韓信在楚漢戰爭中的才幹充分證明蕭何慧眼識人。

楚漢戰爭中，蕭何留守關中，安定百姓，徵收賦稅，供給軍糧，支援了前方的戰鬥，為劉邦最後戰勝項羽提供了物質保證。

西漢建立後，劉邦認為蕭何功勞很大，封他為侯，後又拜為相國。蕭何用計誅除韓信後，劉邦對他就更加恩寵，除對蕭何加封外，劉邦還派了一名都尉率五百名士兵做相國的護衛。

當天，蕭何在府中擺酒慶賀。有一個名叫召平的人，穿著白衣白鞋，進來對蕭何說：「相國，您就要大禍臨頭了。皇上在外風餐露宿，而您長年留守在京城；您既沒有什麼汗馬功勞，又沒有什麼特殊的動績，皇上卻替您加封，又替您設置衛隊，這是由於最近淮陰侯在京謀反，皇上因而也懷疑您了。安排衛隊保衛您，這可不是對您的寵愛，是對您的防範。希望您辭掉封賞，再把全部私家財產都捐給軍用，這樣才能消除皇上對您的疑心。」蕭何聽從了他的勸告，劉邦果然很高興。

同年秋天，英布謀反，劉邦親自率軍征討。他身在前方，每次蕭何派人輸送軍糧到前方時，劉邦都要問：「蕭相國在長安做什麼？」使者回答，蕭相國愛民如子，除辦軍需以外，無非是做些安撫、體恤百姓的事。劉邦聽後總默不作聲。使者回來後告訴蕭何，蕭何也沒有識破劉邦的用心。

有一次，蕭何偶然和一個門客談到此事，這個門客連忙說：「這樣看來，您不久就要被滿門抄斬了。您身為相國，功列第一，還能有比這更高的封賞嗎？況且您一入關就深得百姓的愛戴，到現在已經十多年了，百姓都很擁護您，您還在想盡辦法為民辦事，以安撫百姓。現在皇上所以幾次問您的起居動向，就是害怕您借關中的民望而有什麼不軌行為啊！如今您何不假意賤價強買民間田宅，故意讓百姓罵您、怨恨您，製造一些壞名聲。這樣一來，皇上看您也不得民心了，才會對您放心。」

蕭何說：「我怎麼能去剝削百姓，做貪官污吏呢？」

門客說：「您真是對別人明白，對自己糊塗啊！」

蕭何又何嘗不懂這個道理？為了消除劉邦對他的疑忌，只得故意做些侵奪民間財物的壞事來自毀名節。

沒過多久，就有人將蕭何的所作所為密報給劉邦。劉邦聽了，像沒有這回事一樣，並不查問。當劉邦從前線撤軍回來時，百姓攔路上書，說相國強奪、賤買民間田宅，價值數千萬。

劉邦回朝後，蕭何去見他時，劉邦笑著把百姓的上書交給蕭何，意味深長地說：「你身為相國，竟然也和百姓爭利！你就是這樣『利民』啊？你自己向百姓謝罪去吧！」

劉邦表面讓蕭何自己向百姓認錯，補償田價，可是心裡卻在竊喜，對蕭何的懷疑也逐漸消失了。

歷史智慧

劉邦身為開國皇帝，自然不希望臣子的威信高過自己。蕭何採納了門客的建議，成功地保全了自己。人們在人際交往中也是如此，每個人都有好勝心。我們何不適當地「糊塗」點，在彼此的交往中成全別人的好勝心，成人之美，皆大歡喜。

隔岸觀火，坐收漁翁之利

在進攻之時，不妨對敵我之間的各種利害關係進行靈活把握，這樣才能用最省力的方法成為主動的一方。

袁紹在倉亭被曹操打敗之後，心情抑鬱，不久便得病身亡。臨死前，袁紹立幼子袁尚為繼承人，任命其為大將軍。曹操這時鬥志正旺，親率大軍前來討伐袁氏兄弟，企圖一舉平定河北。曹軍以破竹之勢攻佔了黎陽，很快便兵臨冀州城下。袁尚、袁譚、袁熙、高幹等帶領四路人馬合力死守，曹操一連幾天都攻打不下。

曹操的謀士郭嘉獻計說：「袁紹廢長子立幼子，兄弟之間必然會為爭奪權力相互爭鬥，各自樹立自己的勢力幫派，他們之間情況危急時刻還可相救，一旦危機解除就會彼此相互爭鬥；不如先舉兵南下去攻打荊州，征討劉表，等袁氏兄弟相互爭鬥發生變故之後，再來攻打他們，就能一舉而定。」

曹操認為郭嘉言之有理，便留下賈詡鎮守黎陽，曹洪鎮守官渡，自己則率軍征討劉表去了。

果然，曹操大軍一撤走，長子袁譚便與袁尚為爭奪繼承權大動干戈，互相殘殺起來。袁譚打不過袁尚，派人向曹操求救。曹操乘機再次出兵北進，殺死袁譚，袁熙、袁尚逃往遼東投奔公孫康，曹軍很快佔領了河北。

平定河北之後，夏侯惇等人勸曹操說：「遼東太守公孫康一直沒有臣服我們。現在袁熙、袁尚又去投奔他，必定成為我們的後患。不如趁他們還沒有防備之際就去討伐，這樣就能取得遼東了。」

曹操卻笑著說：「不煩你們再次出兵了。幾天之後，公孫康會把二袁的首級親自送來。」

諸將都不相信。沒過幾天，公孫康果然派人將袁熙和袁尚的首級送來了。眾將大驚，都佩服曹操料事如神。

曹操大笑說：「果然不出奉孝所料！」

說著，拿出郭嘉臨死前留給他的一封信。郭嘉在信中寫道：「如果聽說袁熙、袁尚去投靠遼東，主公千萬不要加兵。公孫康一直擔心袁氏被吞併之後，二袁去投奔他。倘若率兵去攻打他，他們肯定並力迎敵，欲速則不達；倘若慢慢地謀取，公孫康、袁氏兄弟必然會互相圖謀對方。」

原來，袁紹在世之日就一直有吞併遼東之心，公孫康對袁氏家族恨之入骨。

這次袁氏二兄弟去投奔，公孫康就存心想除掉他們，但又擔心曹操引軍攻打遼東，想利用二人助己一臂之力。

所以，袁熙、袁尚二人來到遼東，公孫康並沒有馬上相見，而是派人迅速前去探聽曹軍的動靜。當探子回報曹操並無攻打遼東之意時，公孫康立即將袁熙、袁尚斬首，使曹操兵不血刃便達到了目的。

曹操在平定河北時，使用「隔岸觀火」之計，「坐山觀虎鬥」，以微小的代價換取了勝利。當敵方問題突出、相互傾軋的氣氛越來越顯露時，不可急於去「趁火打劫」。操之過急常常會促其形成暫時的聯合，從而增強敵方的還擊能力。故意讓開一步，坐等敵方內部對抗衝突發展以致出現互相殘殺的動亂，就能達到削弱敵人、壯大自己的目的。

知人之欲，智者善使敗德之人

想了解別人就要了解他的欲望，有智慧的人善於驅使德行有虧的人。

武則天在奪權的道路上，不擇手段，唯計個人私利。她對唐高宗李治不加重用、沒有品行之人，反是另眼相看，收為親信。

李義府雖有文才，但為人奸詐、邪巧多方，長孫無忌看透了他的本性，曾多次對唐高宗進諫說：「有才無德之人，最能製造禍端，臣見李義府貌似忠厚，實乃奸詐，陛下對此人不可不防。」

唐高宗本想重用李義府，有了長孫無忌的提醒，便漸漸疏遠他了。後來，長孫無忌找了一個藉口，將他貶為壁州司馬。

詔書還沒有頒下，李義府已聽說此事，十分驚恐。他向王德儉請教自救之策，接著按其主意向唐高宗上書，建議冊立武則天為后。

李治感念其情，遂於是讓他擔任原職。武則天知曉此事，大喜過望，她對自己的心腹說：「李義府如此識趣，此人當可大用，我是不會虧待他的。」

武則天的心腹深知李義府的為人，便不屑說：「李義府如此行事，並非真心為娘娘效忠。他這個人有才無德，善於見風轉舵，娘娘一定要提防他才好，怎可重用他呢？」

武則天聞言即笑，慢聲說：「他不如此，我又怎會從中得利？這樣的人若巧加利用，自會死心塌地為我賣力，我是求之不得啊。」

待武則天當上皇后，立即建議高宗提升了李義府的官職，讓他官拜中書侍郎，封廣平縣男。李義府貪欲得逞，從此為武則天處處賣命，成了她的得力幹將。

禮部尚書許敬宗是隋朝大臣給事中許善心之子，屬名門之後。但他居官不正、貪贓徇私、德行敗壞，為正義之士所不齒。

許敬宗暗中向武則天投效，武則天卻十分歡喜，她對許敬宗說：「你遭人非議，豈是你的過錯？都是那些大臣嫉恨你的才學罷了。我一向相信你的品行無失，自會向皇上薦舉力言。」

許敬宗感恩戴德，發誓為武則天效忠。武則天的身邊人提醒她說：「無德之人，向來沒有信義，娘娘不要輕信他。他素招人怨，娘娘重用此人也無益於大事。」

武則天充滿自信，她得意地說：「邪才一旦制服，用起來就了無顧忌，用他去對付那些所謂忠貞之士，不是最好的利器嗎？他為名為利，我正好用名利來役使他，有了這個束縛，還怕他不俯首聽命？」

於是武則天多次向唐高宗薦舉許敬宗，又屢次為許敬宗遮掩醜事，她還故作氣憤地對唐高宗說：「自古忠臣難當，多遭譭謗，許敬宗忠於陛下，不徇私情，難怪朝臣每每詆毀他了。陛下若是聽信饞言，正是中了奸臣的詭計，妾實在難以置之不理。」

有了李義府、許敬宗這左膀右臂，武則天行私有助，勢力不斷地擴大，為她日後登上皇位增添了勝算。

品德不好的人在封建官場大有人在，要想把他們徹底清除是難以做到的事。這一點當權者心知肚明，他們盡力做的只是如何讓他們為己效命罷了。德行有虧自然欲望多多，當權者用利益誘使他們，就可以驅使他們幹任何事了。只要滿足了他們的欲望，這些人無不敢為，做為當權者整人弄權的工具，他們往往是最合適的人選。

施苦肉計，反戈一擊制伏狡猾對手

「苦肉計」是中國歷史潛規則中不可忽視的一條。把自己打扮成一個受害者，在對方不加防備的時候反戈一擊。在面對狡猾的對手時，這樣的攻擊最有效，也是最狠的招數，才能將之制伏。

一些人經常為了討好別人獲取自己的利益而不惜與大多數人為敵。這種人善於揣摸別人的意圖，站在一旁假裝受害者，博得別人的好感，從而達到自己的目的。

吳王闔閭是派人暗殺了吳王僚後才登上王位的，僚的三個兒子逃亡在外，吳王闔閭以為大患，日夜難安。

一日，闔閭對大臣伍子胥說：「僚的三個兒子，以慶忌最為剛烈勇猛，聽說他在外網羅部屬，發誓要為父報仇，打回吳國，此人不可不除啊。」

伍子胥說：「慶忌狡猾多計，實在是強敵，他活在世上一天，大王就有不可預測的兇險。臣向大王推薦一人，此人肯定可為大王建功。」

伍子胥於是把要離舉薦給吳王闔閭。闔閭見要離身材短小，形象醜陋，與他想像的志士相去甚遠，不禁大為失望。伍子胥看出了闔閭的心思，勸他說：「好馬貴在能負重致遠，而不在其形體的大小。要離相貌平常，但是智勇無敵，此人絕非等閒之輩啊。」

要離不卑不亢地對闔閭說：「善於殺人者靠的是智慧而不是體力，善於謀叛者依仗的是騙取信任而不是明鬥，我若能親近慶忌，讓他引為心腹，殺他豈不是輕而易舉的事嗎？」

闔閭被要離的話打動，馬上以禮相待。三人計議多時，終於形成了謀刺慶忌的方案。

次日，在朝堂上，伍子胥上奏吳王請求派兵伐楚，並且推薦要離擔任伐楚將領。吳王闔閭故意不屑地說：「要離手無縛雞之力，豈可為將？他這個人無德無能，寡人只是可憐他才將他留在朝中。何況吳國剛剛安定，如果出兵打仗，寡人還有安穩的日子可享嗎？此議絕不可用。」

群臣啞言，這時要離卻仗義直出，他指著吳王闔閭的鼻子，憤憤說：「大王侮臣是小，卻不該對伍子胥不仁不義。伍子胥幫你奪取王位，又助你治國安邦，吳國方有今日的興盛局面。大王曾言替他伐楚報仇，無故失信背約，大王何以面對天下？這樣做，大王連一個承守信諾的百姓都不如，如何讓人信服呢？」

吳王闔閭大怒色變，當即命令力士砍斷了要離的右臂，將其打入死牢。要離的妻小也被吳王拘拿。幾日後，伍子胥密令獄中看守放鬆對要離的看管，讓要離乘機逃出。闔閭把要離的妻小殺死，焚屍於吳國的鬧市，使這件事人人皆知。

要離逃出吳國，他一路趕奔衛國投靠慶忌。慶忌見了要離，聽他哭訴之後，慶忌還是不肯相信他，他對心腹說：「闔閭恨我不死，誰知這是不是他主使的苦肉計呢？」

慶忌的心腹說：「要離的右臂被砍，歷盡艱辛才逃出吳國，若說闔閭使計，可是要離也不會自殘自苦如此，大人切勿疑心太重啊！」

不久，慶忌的密探向他報告要離的妻小被殺之事，慶忌疑慮頓消，他對心腹高興地說：「肢體自殘，要離或許可做到。可是若捨棄妻小性命，只為騙我信任，這就於理不通了，誰會這樣殘忍呢？」

慶忌於是視要離為心腹，讓他為自己謀劃歸國大事。要離見自己和闔閭、伍子胥謀定的計策成功，於是趁熱打鐵，力勸慶忌及早發兵，奪回王位。慶忌對他言聽計從，出動全部兵卒，順江而下，向吳進軍。

慶忌在指揮船上，要離手持長矛侍立其旁。慶忌指指點點，得意非凡，要離趁其不備，一矛刺透了慶忌的心窩。闔閭的心腹大患解除，吳國的局面最終安定下來。

崇禎皇帝即位後，大刀闊斧剷除熹宗時的寵臣。他挖掉了以奸官魏忠賢為首的閹黨集團，連坐者不下百人。為肅清魏忠賢的餘黨，崇禎帝一時之間罷免了大批官員，造成朝官嚴重缺人。在補充朝官的過程中，一些人乘機鑽營，結果，崇禎朝廷重蹈覆轍，朝中大權仍被少數奸臣把握。

明朝內閣體制限定六名成員，各稱首輔、次輔、群輔。為了補充內閣成員，崇禎依照祖宗法規，先由九卿共同提名，選出六名以上候選人，再由崇禎帝親自抽籤決定，前一道程式叫做會推，後一道程式叫做枚蔔。閣臣名單剛剛確定，詔命尚未頒佈，朝臣中已是議論紛紛了。通過各種管道、各種關係，朝臣們幾乎人人盡知內閣成員提名結果。

禮部侍郎溫體仁，由於資歷；名望不夠，不在會推名單之內，他又氣又妒。溫體仁為人圓滑、老謀深算，尤其善於窺測政治風向。所以，神宗、光宗、熹宗三朝為官，官海浮沉三十年，一直左右逢源，官運亨通。魏忠賢當權時他不吃虧，魏忠賢垮臺後他沒倒楣，真可謂混世有術、八面玲瓏。魏忠賢被除，朝中大權又如鹿在中原，溫體仁認為時機已到，躍躍欲試，想加緊實現其竊取權柄的步伐。

不料，此次入閣無望。溫體仁豈肯善罷甘休，他盤算了一下，就去找禮部尚書周延儒。周延儒是個野心勃勃的陰謀家，在皇上面前也算是個紅人，但此次會推也未被提名。溫、周二人私底下共商陰謀。

他們先做好幕後工作，在朝臣中拉攏親信，散布謠言，不惜重金收買宦官作為內奸。他們選中名列會推名單之首的錢謙益作為突破口，吹毛求疵，大搞他的緋聞。由溫體仁首先發難，向崇禎呈交了所謂的「神奸結黨「疏。疏中惡語攻擊錢謙益，翻出陳年舊帳，借題發揮，專揀崇禎帝深惡痛絕的罪名扣在錢謙益頭上。

熹宗天啟二年，錢謙益受命主試浙江，考試後錄取嘉禾才子錢千秋為省試第一名。後來發現錢千秋的作文試卷中引用了一句俚俗詩：一朝平步上青天。不想，這句詩觸動了當權者的忌諱，錢千秋的會試資格被取消，還被遣戍邊地。錢謙益也因此受到牽連，先被罰了俸祿，後被削職為民，遣回原籍。這已是六七年前的舊事了，況且錢謙益早已被召回朝廷，官復原職，得到了熹宗的原諒。

溫體仁在奏章中不僅舊案重提，而且誣以結交黨朋、營私舞弊、貪污受賄、包藏禍心等不實之罪。這幾項罪名都是崇禎帝平生最憎恨的，看完奏章，崇禎勃然大怒。

第二天朝會時，崇禎皇帝高高在上，臉色陰沉。他看了一眼錢謙益，見他春風得意，心中不由一陣厭惡。他隨即命侍官傳令，讓錢謙益與溫體仁當廷對質。這真如晴天霹靂。錢謙益毫無心理準備，十分被動，顯得理屈詞窮。

對溫體仁的突然發難，朝臣們感到憤憤不平，紛紛出班為錢謙益打抱不平，指責溫體仁居心不良，於是展開了一場激烈的爭辯。

溫體仁見自己成了眾矢之的，便向崇禎搬弄是非說：「臣此次會推不與，本應避嫌不語。但選舉閣臣事關宗社安危，錢謙益結黨受賄，舉朝無人敢言，臣不忍見聖上遭受蒙蔽、孤立無援，才不得不說。」

溫體仁危言聳聽，卻字字落在崇禎的痛處，他最恨大臣結黨營私、腐敗受賄；他又最怕大臣們蒙蔽、欺騙他。所以，崇禎認定溫體仁忠心耿耿，對錢謙益更恨一層。於是，錢謙益被罷了官，遣送回原籍聽候發落。

錢謙益事件過去後，朝中大臣餘憤未平，有幾人交相上疏參劾溫體仁。御史毛九華揭發溫體仁：居家時倚勢壓人，強買商人木材，此事敗露後，又賄賂閹黨崔呈秀為其解脫罪責，得以免咎；杭州魏忠賢祠堂落成，溫體仁大獻媚詩，為奸賊魏忠賢歌功頌德。御史任贊化也上疏告發溫體仁娶娼為妾，傷風敗俗，收受賄賂，腐化無德，奪人家產，傷天害理。

溫體仁見勢不妙，便主動向皇上提出辭職，並申訴自己因為秉公辦事而得罪了百官，博得了皇上的同情。他又趁熱打鐵，誣告揭發他的毛九華、任贊化都是錢謙益的死黨，使錢謙益事件再起風波。溫體仁大長個人威風，為他擠入內閣進一步鋪平了道路。兩年以後，溫體仁如願進入內閣。

歷史智慧

謀劃對手重要的是不暴露自己，以其親信的面目施展手段，再強的對手也不堪一擊。把自己的真實用心掩藏起來，有時要付出血的代價；不做必要的犧牲，狡猾的對手就難以消除疑慮。在對手意想不到之處打動他，用最忠心的人也難以做到的事觸動他，任何人都會失去理智。潛伏在對手的身邊，最致命的攻擊才可一舉完成。

聰明靈活的人都有一套變臉的本領，一會兒演紅臉，一會兒演黑臉，集軟硬兼施、剛柔並濟、恩威並施於一身，出色扮演自己的角色。

在複雜的環境中保全自己

人世間的許多危險，都不露痕跡地潛藏在看似波瀾無驚的環境中。要保護自己就要千方百計避開一切可能的危險。

唐朝郭子儀爵封汾陽王，王府建在首都長安的親仁里。汾陽王府自落成後，每天都是府門大開，任憑人們自由進進出出，而郭子儀不允許其府中的人對此給予干涉。

有一天，郭子儀帳下的一名將官要調到外地任職，來王府辭行。他知道郭子儀府中百無禁忌，就一直走進了內宅。恰巧，他看見郭子儀的夫人和他的愛女正在梳妝打扮，而王爺郭子儀正在一旁侍奉她們，她們一會兒要王爺遞毛巾，一會兒要他去端水，使喚王爺就好像奴僕一樣。這位將官當時不敢譏笑郭子儀，回家後，他禁不住講給他的家人聽，於是一傳十，十傳百，沒幾天，整個京城的人都把這件事當成笑話來談論。郭子儀聽了倒沒有什麼，他的幾個兒子聽了卻覺得大丟王爺的面子，他們決定對父親提出建議。

他們相約一齊來找父親，要他下令，像別的王府一樣，關起大門，不讓閒雜人等出入。郭子儀聽了哈哈一笑，幾個兒子哭著跪下來求他，一個兒子說：「父王您功業顯赫，普天下的人都尊敬您，可是您自己卻不尊重自己，不管什麼人，您都讓他們隨意進入內宅。孩兒們認為，即使商朝的賢相伊尹、漢朝的大將霍光也無法做到您這樣。」

郭子儀聽了這些話，收斂了笑容，對他的兒子們語重心長地說：「我敞開府門，任人進出，不是為了追求浮名虛譽，而是為了自保，為了保全我們全家人的性命。」

兒子們感到十分驚訝，忙問其中的道理。

郭子儀歎了一口氣，說道：「你們光看到郭家顯赫的聲勢，而沒有看到這聲勢有喪失的危險。我爵封汾陽王，往前走，再沒有更大的富貴可求了。月盈而蝕，盛極而衰，這是必然的道理。所以人們常說要急流勇退。可是目前朝廷尚要用我，怎肯讓我歸隱？再說，即使歸隱，也找不到一塊能夠容納我郭府一千餘口人的隱居地呀。可以說，我現在是進不得也退不得。」

「在這種情況下，如果我們緊閉大門，不與外面來往，只要有一個人與我郭家結下仇怨，誣陷我們對朝廷懷有二心，就必然會有喜歡落井下石、妨害賢能的小人從中添油加醋，製造冤案，那時，我們郭家的九族老小都要死無葬身之地了。」郭子儀道。

郭子儀之所以讓府門敞開，是因為他深知官場的險惡。正因為他具有很高的政治眼光，又有一定的德性修養，善於處理各種複雜的政治環境，因此即使在自己功勳卓著的日子裡，也時時做好了準備應付可能發生的危險。

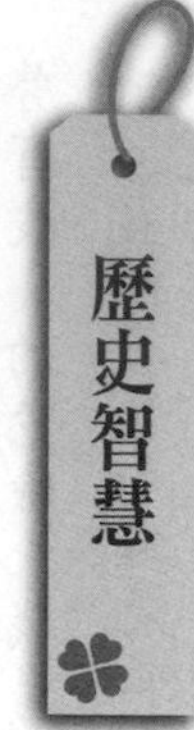

在我們的一生中，會遭遇各種各樣的境遇，有和風麗日，也會有狂風驟雨；有波瀾不驚，也會有濁浪排空；有陽光普照，也會有電閃雷鳴……如何於變幻繁複的環境中保全自己，需要高人一籌的智慧。郭子儀和蕭何的立身之道為我們展現了韜晦智慧的精妙，仔細去品讀、思考，我們會發現韜晦潛規則的更多妙處。

開外掛人生的歷史智慧

在人際交往中，把握好與人交往的尺度才能在社會中如魚得水，為辦事做好鋪墊。保持平靜的、持續的接觸，這樣拓展出來的人際關係才是可以信賴的。拓展人際關係是必須的，但在社會上有一些法則還是必須注意的，否則，容易弄巧成拙。這個法則就是「一回生，二回半生不熟，三回才全熟」。

人人都有戒心，這是很自然的反應。一回生，二回就要「熟」，對方對你採取的絕對是關上大門的自衛姿態，甚至認為你居心不良，因而拒絕你的接近。名人、富人或有權勢之人，更是如此。聰明者自會不動聲色地留點「心計」。

每個人都有「自我」，你若一回生，二回就要熟，必定會採取積極主動的態度，以求儘快接近對方。也許對方會很快感受到你的熱情，也給你熱情的回應。可是，大部分人都會有自我受到壓迫的感覺，因為他還沒準備好和你「熟」，他只是痛苦地應付你罷了，很可能第三次就拒絕和你碰面了。

在人際交往中，如果你急於接近對方，很容易在不了解對方的情況下，以自己作為話題，以持續兩人交談的熱度。這無疑是暴露自己，讓自己容易受到傷害。做人要留一手，做事要有點「心計」，拉攏人心切不可操之過急。

第六章

創富有道，人捨我取無往不利

在傳統觀念中，逢迎富貴是為人所不齒的。但在現實生活中，權貴門前仍是車水馬龍，排場愈來愈大，從古到今都是如此。因為富貴是欲望的磁石，只要人們企求富貴的欲望還在，就都願意參加這個逢迎富貴的財富遊戲。

能知曉其中天機，那你就是遊戲的主人。

富貴如霜刃，切勿貪戀過熾

人們都知道身處富貴萬般榮耀，卻不知道富貴有時如同霜茅利刃。

王晞是前秦名臣王猛的後代，北齊顯祖高洋在位時，王晞因為是名家子孫，被高洋選中，讓他和自己的弟弟常山王高演為友，輔導弟弟的學業及政務。

高洋嗜酒昏虐，濫殺大臣，每日沉醉酒鄉，醉後所做的事禽獸不如。大臣畏罪不敢言，只有常山王高演倚仗兄弟之親，又有太后的保護，屢次流涕苦諫。

高洋也自知其非，卻限溺於酒鄉不能自拔。盛怒之下，高演屢遭毒打。高洋不忍心殺死弟弟，便遷怒王晞，認為高演所為都是王晞所教，便要殺王晞。高演為保王晞，不得已自己先打了王晞三百棍。高洋聽說王晞已遭毒打，才沒有殺他。

王晞是高演的心腹謀士，高演無事不和他商議，對他的話也是言聽計從，王晞跟著高演也多次遭受牽累，遭刑受辱多年，只是僥倖未死而已。

高洋死後，高演聽從王晞的勸告，廢除幼主，自立為帝，是為北齊肅宗，王晞也便成了佐命元勳。

高演稱帝後，王晞便有意和他疏遠，沒有要事從不進宮，高演要任命他為侍中，和以前一樣，時刻在自己身邊，王晞卻苦苦推辭，堅決不肯接受。別人都勸他不要拂逆皇上的心意，更不要和皇上疏遠。

王晞卻說：「我從小看到的高官要人多了，都是身居顯要不久便遭受禍殃，沒有幾人能保住身家性命的。皇上和我私人感情雖然很深，但也難保長久。一旦身處富貴，想退下來都很難，禍發身滅，後悔如何來得及？我並不是不想當高官、處顯位，只是此種事看得太多，已經思之爛熟，怎麼可以明知是禍還要去招惹？」

王晞後來求得外放為州官，遠離朝廷官場的傾軋核心。他雖身處亂世，竟能保全身家，在隋文帝開皇元年死於洛陽，享年七十一歲。

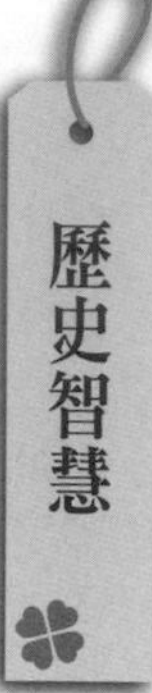

王晞作為高演的朋友、謀士，盡心盡職。高演屢次觸怒高洋遭受責罰，王晞受此牽累也遭受困辱，禍在不測，然而王晞卻不離高演左右，盡心輔佐，出謀獻策，甘心與之共患難。

等到高演稱帝，高官厚祿擺在面前，王晞卻拒而不受。高演並非勾踐那樣的只能同患難，不能共富貴的君主，王晞也不是學范蠡，要棄官遠逃，不過是不想捲入榮利場中爾虞我詐、弱肉強食的漩渦中而已，於隱晦保身之術可謂深得三昧。

歷史上的經驗教訓很多，每個人身邊的事也不乏啟迪。假若每個人都能像王晞一樣善於觀察事物，總結規律，然後「思之爛熟」，不僅可以無禍，而且可以處處化凶為吉。

天下沒有白吃的午餐

切記！「拿人手短，吃人嘴軟。」千萬不要因為貪圖一點實惠而把自己置於進退兩難的境地。

戰國時代，孟子名氣很大，府上每日賓客盈門，其中大多是慕名而來，求學問道之人。

有一天，接連來了兩位神秘人物，一位是齊國的使者，一位是薛國的使者。對這種人物，孟子自然不敢怠慢，小心周到地接待他們。

齊國的使者帶來一百兩金子給孟子，說是齊王所贈的一點小意思。孟子見其沒有下文，堅決拒絕齊王的饋贈。隔了一會，薛國的使者也來求見。他帶來五十兩金子給孟子，說是薛王的一點心意，感謝孟先生在薛國發生兵難的時候幫了大忙。孟子吩咐手下人把金子收下。

左右的人都十分奇怪，不知孟子葫蘆裡裝的是什麼藥。陳臻對這件事大惑不解，他問孟先生：

「齊王送你那麼多的金子，你不肯收；薛國才送了齊國的一半，你卻接受了。若你剛才不接受是對的話，那麼現在接受不就是錯了？若你剛才不接受是錯，那麼現在接受就是對了嗎？」

孟子回答說：「都對。在薛國的時候，我幫了他們的忙，為他們出謀設防，平息了一場戰爭，我也算個有功之人，為什麼不應該受到物質獎勵呢？而齊國人平白無故給我那麼多金子，是有心收買我，君子是不可以用金錢收買的，我怎麼能收他們的賄賂呢？」

左右的人聽了，都十分佩服孟子的高明見解和高尚操守。

無獨有偶，有一個名叫吐的人，經營宰牛賣肉的生意。由於他聰明機靈，經營有方，生意做得有聲有色。一天，齊王派人找到吐，對吐說：「齊王準備了豐厚的嫁妝，打算把女兒嫁給你做妻子，這可是大好事呀！」

吐聽了，並沒有感到受寵若驚，而是連連擺手說：「哎呀，不行啊。我身體有病，不能娶妻。」

使者很不理解地走了。後來，吐的朋友知道了這件事，覺得奇怪，吐怎麼這麼傻呢？於是跑去勸吐說：「你這個人真傻，你一個賣肉的，整天在腥臭的宰牛舖裡生活，為什麼要拒絕齊王拿厚禮把女兒嫁給你呢？真不知你是怎麼想的。」

吐笑著對朋友說：「齊王的女兒實在太醜了。」

吐的朋友摸不著頭緒，問他：「你見過齊王的女兒？你何以知道她醜呢？」

吐回答說：「我雖沒見過齊王的女兒，可是我賣肉的經驗告訴我，齊王的女兒肯定是個醜女。」

朋友不服氣地問：「何以見得？」

吐胸有成竹地回答說：「就說我賣牛肉吧！我的牛肉品質好的時候，只要給足數量，顧客拿著就走。我用不著加一點、找一點的，顧客就會感到滿意。我呢，唯恐肉少了不夠賣。我的牛肉品質不好的時候，我雖然替顧客再加一點這、找一點那，他們依然不要，牛肉怎麼也賣不出去。現在齊王把女兒嫁給我一個宰牛賣肉的，還加上豐厚禮品財物，我想，他的女兒一定是很醜的了。」

吐的朋友覺得吐說得也有道理，便不再勸他了。

過了些時候，吐的朋友見到了齊王的女兒，齊王的女兒果然長得很難看。

這位朋友不由得暗暗佩服吐的先見之明。

有些事情雖沒什麼直接的關聯，但道理是相通的。如果吐不是以自己親身的感受去舉一反三地思考生活中的現象，那說不定就會要娶回一個自己不喜歡的醜妻了。

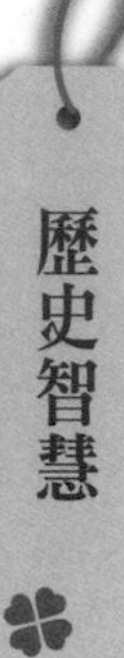

俗話說：「君子愛財，取之有道。」孟子說過，對於錢財，可以取也可以不取，取和不取的分界，在於會不會損害自己的為人處世原則。俗話說：「破財消災」這句話如果反過來講，也是有一定道理的，那就是：「貪財招災」。

越是大利在前，越應該小心謹慎，因為大利背後可能隱藏著巨大的陷阱，一不留神，你就會上當受騙。為了避免上當，就必須要時時提高警惕，尤其是面對誘惑的時候。

放長線，才能釣大魚

《老子》第三十六章寫道：「將欲歙之，必固張之；將欲弱之，必固強之；將欲廢之，必固興之；將欲奪之，必固與之。」

老子這段話體現出卓越的辯證思想：為了捉住敵人，事先要縱放敵人；這是一種放長線釣大魚的計謀。

後蜀十七歲的小皇帝孟昶在接受群臣朝拜之後，正準備退朝，突然有人高叫：「陛下，我是托孤之臣，為保國泰民安，臣提出要掌管六軍，請陛下恩准！」

孟昶定睛一看，原來是李仁罕。他稍一思索，便答道：「朕准你掌管六軍。還望你不負朕望，多為朝廷出力！」

退朝後，孟昶想：這老臣李仁罕多年來在朝中目無法紀，橫行霸道，貪贓枉法，霸佔民田，私建屋宇……今天，又要掌管六軍，看來他是欺我年幼剛即位，在朝中立足未穩，而想趁機攬權。有朝一日，他必有奪權之舉，看來此人不可留！可他在朝多年，親信多、勢力大，弄不好後果不堪設想！怎麼辦呢？對，只能欲擒故縱，然後再突然襲擊！

不久，孟昶又加拜李仁罕為中書令。這讓李仁罕更加驕橫了，逢人便誇耀：「我是托孤之臣。聖上不僅讓我掌管了六軍，還加拜我為中書令，還打算過些天封我為公　！」

他的私欲更重了，言行也更加放肆，孟昶感到他對自己的威脅越來越大。

兩個月過去了。李仁罕焦急地等待孟昶封他為公。一天，聖上傳旨召他入宮。李仁罕高興壞了：「想必是要封我為公了！」他趾高氣昂地入了宮。

「李仁罕聽旨——」

「臣在。」

「朕今日賜你死！」

李仁罕一愣，馬上大叫：「臣有何罪？」

「你圖謀不軌，在禁軍將領中宣稱禁軍只能聽從你的指揮，其他無論何人的命令都不能聽，你把朕置於何地位？你動用府庫之銀建私宅，你還……」孟昶一一數來，細數這段期間內李仁罕作威作福的事證。

李仁罕當場傻了，連聲討饒：「陛下饒命，陛下饒命啊！」

「拉出去，斬！」就這樣，孟昶欲擒故縱，終於將李仁罕除掉，鞏固了自己的帝位。

有時「退一步，是為了進兩步」，處理問題既需要果斷，也要善於忍耐，等待最適宜的時機。

一代明君康熙除去鰲拜的故事，再次說明了進退潛規則的好處。

根據祖宗的慣例，康熙滿十四歲那年舉行了親政大典。可是親政後的康熙帝，仍然沒有實權，鰲拜繼續大權獨攬。皇帝與權臣之間的衝突，終於在如何對待蘇克薩哈的問題上公開化了。

蘇克薩哈是順治皇帝臨終時指定的四位顧命大臣之一，一向為鰲拜所妒忌。在一次朝會上，鰲拜對康熙大帝說：「蘇克薩哈心懷不軌，蓄意篡權，我已下令將他抓了起來。請皇上同意將蘇克薩哈立即正法。」

此時康熙儘管對鰲拜的做法不滿，可是自知實力太差，遠不是鰲拜的對手，所以只好忍痛。雖然表面上一個要殺，一個不准殺，誰也不肯讓步，但是實際上還是鰲拜勢力更大。

鰲拜一氣之下，袖子一揚，揚長而去。滿朝文武，人人惶恐，沒人敢吭聲。鰲拜一回到家，馬上傳令絞殺蘇克薩哈，同時誅殺了他的一家人。

康熙聽到蘇克薩哈被處死的消息後，氣得兩眼冒火，決心除掉這個欺君擅權的鰲拜。但是，康熙心裡清楚：鰲拜羽翼豐滿，並且掌握著朝廷的軍政大權，親信黨羽遍及朝廷內外；鰲拜本人也身高力大，武藝高強，平時行動總是戒備森嚴。康熙帝深知要除掉鰲拜絕非一件易事，弄不好，激起兵變，那麼，他這皇帝的位子也就別想再坐了。

經過一夜的冥思苦想，康熙帝最後定下了剷除鰲拜的計策。

第二天鰲拜上朝時，康熙帝不露聲色，也不再提蘇克薩哈的事情，彷彿根本就沒有發生過昨天那場爭執。鰲拜卻心裡暗自得意：皇上到底是個小孩，你一厲害，他就軟了下來了。他哪裡知道，這是康熙皇帝高明的地方，先忍一步為的是最終的勝利。

沒過幾天，康熙帝替鰲拜晉爵位，又加封號，又替鰲拜的兒子加官晉爵，讓他心裡得意的不得了。康熙一面故作軟弱無能，穩住鰲拜，一面挑選了十幾個機靈的小太監，在宮內舞刀弄棒，練習角力摔跤。康熙帝自己也加入摔跤隊伍與小太監們對陣取樂。

消息傳到宮外，大家認為只不過是小皇帝鬧著玩罷了。鰲拜進宮奏事，見一夥小太監們練習摔跤，康熙在一旁忘情地　喊、助威，也認為是小皇帝只是鬧著好玩。小小年紀就能如此機智，沉默忍耐，康熙確實有過人之處。

康熙這樣才使得自己掌握了主動權，所以從表面上看，朝中大事一切照舊，鰲拜還是那樣為所欲為，康熙對鰲拜還是那樣信賴，鰲拜漸漸放鬆了戒備。練習拳棒和摔跤的小太監們，技藝逐漸純熟。康熙見時機已到，決定向鰲拜下手。

一天，康熙派人通知鰲拜，說是有要事商量，請他立即進宮。鰲拜直奔宮中，康熙此時正和小太監們摔跤。鰲拜上前，正要與康熙打招呼，十幾個小太監打打鬧鬧地挨近了鰲拜身邊。說時遲，那時快，大家一擁而上，將毫無防備的鰲拜撲倒在地。

等鰲拜反應過來，感到大事不妙想要掙扎反抗時，十幾個小太監已牢牢地將他制伏在地，哪裡肯讓他脫身。他們拿來繩索，將鰲拜捆了個結結實實。康熙正言厲色地對躺在地上動彈不得的鰲拜說：「你欺凌幼主，圖謀不軌，飛揚跋扈，濫殺無辜。今日下場是你罪有應得。你鰲拜罪行累累，罄竹難書，待我查清你的罪行，一定嚴懲，絕不寬待。」

鰲拜自知難逃一死。緊緊地閉著雙眼，一句話也不說，只能像待宰的羔羊那樣任人宰割！

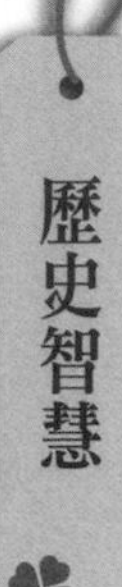

以上的兩個歷史故事為我們展示了進退規則中暗藏的玄機。「退」有時是為了更恰當地「進」，特別是當我們的力量還處在弱勢的地位時，更應該多一些隱忍，等待機會成熟之時才大顯身手，達到極佳的效果。

故事中的孟昶和康熙兩位皇帝正處在青少年時期便明白了進退潛規則，給我們的啟示就更大了，英雄出少年，越早知悉世故哲理，則越能在適當的時機發揮，甚至「以小搏大」。

學會與他人分享名利

老子主張「聖人處無為之事，行不言之教，萬物作焉而不辭，生而不有，為而不恃，功成而弗居。夫唯弗居，是以不去。」因此，學會與他人分享名利是一種高明的處世之道。

第一次登陸月球的太空人共有兩位，除了大家所熟知的阿姆斯壯外，還有一位是奧爾德林。阿姆斯壯說：「我個人的一小步，是全人類的一大步。」在慶祝登陸月球成功的記者會上，有一個記者突然問奧爾德林一個很特別的問題：「由於阿姆斯壯先下太空艙，成為登陸月球的第一個人，你會不會覺得有點遺憾？」

在全場有些尷尬的氣氛下，奧爾德林很有風度地回答：「各位，千萬別忘了，回到地球時，我可是最先出太空艙的。」他環顧四周笑著說：「所以我是由別的星球來到地球的第一個人。」他肯和別人分享名利的豁達，得到了大家的讚賞。

雖然說患難可以見真情，但有些時候，也可以在有福同享的情況下看出人的本質。有許多人可以共患難，卻無法同富貴。

中國近代太平天國的創始人和思想領導者洪秀全，與馮雲山及廣西人楊秀清、蕭朝貴、韋昌輝、石達開形成領導核心，洪秀全自稱天父次子、耶穌胞弟，其餘五首領並為天父之子，於一八五〇年夏，在桂平金田村舉行起兵。一八五一年一月十一日建號太平天國，稱天王。同年，設官封王，建立各項制度。

但是，曾經共患難的兄弟卻因為爭權奪利而開始自相殘殺。一八五六年九月，太平天國發生內亂。其主要領導者楊秀清、韋昌輝被殺，石達開帶兵出走，大大地打擊了太平天國，損傷了實力。

一八六三年太平天國統治區相繼失陷，天京遭清軍包圍，糧盡援絕。一八六四年七月十九日，清軍攻破天京，太平天國中央政權滅亡。

不願分享名利的人則留不住人才為己所用，沒有人可以憑一己之力取得成功。

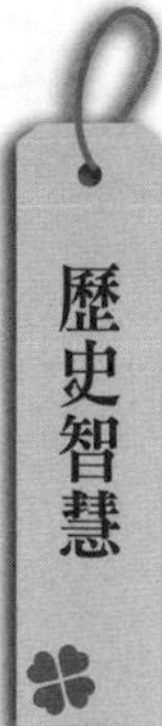

不要獨佔榮譽，得到榮耀與肯定要立即轉送出去，讓那些默默無聞地幫過你的朋友或部屬也得到分享。要知道，你現在的成就並不完全是由你一個人創造出來的，即使你不曾考慮這個問題，也不可否認一定有人曾經幫助過你。

當你能公開地對自己及他人承認，你並非獨立取得這些成就，所以不能獨享榮耀時，一種完美和諧的感覺會在你的內心和你的人際關係中浮現。如果你身邊都是正直又有能力的人，而這些人又和你有相同的觀念及類似的價值觀，你會發覺慷慨地將功勞歸於他人並不是一件困難的事。

吃得眼前虧也是福

俗話說：「吃虧是福。」吃了小虧後，只要有時機，將會得到更多；反之，將可能陷入困境。

吃虧是福不是禍。面對艱難的處境，弱者信奉「吃虧」哲學，就因為吃虧是一種謀略，吃虧就是佔便宜，不計較眼前的得失而著眼於大目標。

幾乎征服了整個歐洲的拿破崙，為了讓東方人也臣服在他的腳下，他精心組織了一支五十萬人的大軍，以排山倒海之勢壓向俄國。法國不宣而戰，揮師跨過俄國邊境，並很快切斷俄國兩個集團軍的聯繫，長驅直入，佔領了莫斯科。處在存亡之秋的俄國拚死抵抗，老將庫圖佐夫臨危受命擔任了俄軍總司令。

拿破崙和庫圖佐夫是死對頭，五年前兩人曾有過交鋒。但這次庫圖佐夫明顯處於劣勢。雙方經過緊張部署後，在博羅季諾村附近拉開了戰幕。這是一場大血戰，慘烈的戰鬥持續了一天一夜。最後俄軍被迫撤離，拿破崙佔領了庫圖佐夫的陣地。

庫圖佐夫冷靜地分析了形勢和敵我雙方的實力對比，發現儘管拿破崙奪取了俄軍要塞，但實力已被削弱，由進攻之勢轉為防禦之勢。再說，法軍長驅直入，孤軍奮戰，如果在此長久相持下去，必然對其不利。於是，他宣佈了一個讓眾人震驚而又大惑不解的決定——放棄莫斯科。

消息傳出後，全國響起一片「情願戰死在莫斯科，也不交給敵人」的呼聲，連沙皇也下令堅守都城。但庫圖佐夫清楚地意識到，假如憑一時之氣，很可能全軍覆滅，導致國破家亡。為了顧全大局，庫圖佐夫頂著國內的壓力，毅然下令：撤退！

暫時勝利的拿破崙沒有想到，他失敗的命運已由此決定。俄國人留給他們的是一座空城，繼之而來的是缺糧、饑餓和嚴寒。而這時法軍思鄉情緒上升，軍心渙散。拿破崙只好下令撤出莫斯科。然而，為時已晚，俄國人不會輕易放走佔領他們首都的侵略者。一場惡戰，法軍四面楚歌，全線潰敗。佔領莫斯科是拿破崙一生中最大的敗筆。

拿破崙貪圖一城的得失，反而陷入了更大的災難當中。庫圖佐夫不計眼前得失，先吃小虧，等待時機，最後終於反敗為勝，成為笑到最後的人。

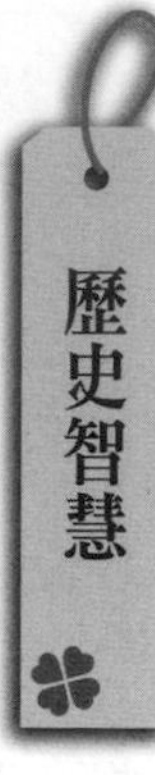

吃虧本身並不是一件壞事，吃了眼前的「虧」，會把事情做得更好。吃虧一事，得益十事；吃虧一時，可能安樂一世。

冷廟勤燒香，急時才能抱佛腳

在做事方面，除了行動迅速之夕蓟，還要善於運用頭腦中的智慧。手腦並用，才是最完美的結合。

聰明的人，其高明之處在於他們不僅給香火鼎旺的廟燒香，而且也非常注重給冷廟的菩薩上香。

一般人都喜歡到香火旺盛的熱廟去燒香，殊不知，因為香客眾多，菩薩反而不會在乎你的香火，並不能引起菩薩的特別注意和關注。當然，你的努力在很大程度上是白費了。

如果你到冷廟燒香，情況就大不一樣了。因為平時冷廟門庭冷落，無人禮敬，你卻很虔誠地去燒香，菩薩對你另眼相看就是很自然的事情了。認為你是祂的知己，感情自然貼近。

即便你到冷廟燒一炷香，菩薩也會認為是天大的人情。一旦有事，你去求祂，祂定會鼎力相助。菩薩如此，人情亦然。所以在人情上，絕不可顧此失彼，等到用時再抱佛腳就不靈了。

而要想真正做到冷廟燒香，用時有人幫，關鍵是要平時多向別人提供幫助，多給人一分關心。有些幫忙並不需要多大投入，你的感情到了就可以。

晉代有一個人叫荀巨伯，有一次去探望朋友，正逢朋友臥病在床。當時敵軍剛好攻破城池，燒殺擄掠，百姓紛紛攜家帶眷，四散逃難。朋友勸荀巨伯：「我病得很重，活不了幾天了。而且，敵人馬上就來了，你自己趕快逃命去吧！」

荀巨伯卻不肯走，他說：「你把我看成什麼人了？我遠道來到這裡，就是為了看你。現在，敵軍進城，我怎麼能忍心扔下你呢？」說著，轉身為朋友熬藥去了。朋友百般苦求叫荀巨伯快走，荀巨伯卻安慰朋友說：「你就安心養病吧，別多想了。不要管我，天塌下來有我頂著！」

這時門被踢開了，幾個身上濺滿血跡的士兵衝進來喝道：「你是什麼人？如此大膽，所有人都跑光了，你為什麼不跑？」

荀巨伯毫無懼色，指著躺在床上的朋友說：「我的朋友現在病得很重，請你們別驚嚇了他，有事找我吧。如果能讓我替朋友死，我也絕不會有任何怨言！」

士兵一聽愣了：「想不到你是一個如此高尚的人，怎麼能夠加害你們呢？」說著，就帶著他的人撤走了。表面上荀巨伯是救了朋友，但本質而論卻是託病友之福，荀巨伯才能夠避免在混亂的敵軍攻佔之中，死於非命。

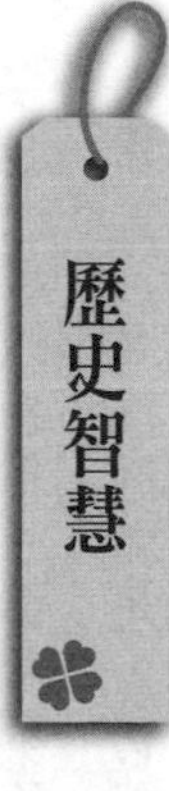

朋友之間患難時才能體現真正的感情。在生活中，善於體察一下別人的需要，時刻關心身邊的人，幫助他們脫離困境，危難之中你也會得到他人的幫助。

生活中，無論做什麼事情，遇到什麼人，不妨靈活點，經常幫別人一把，別人也會牢記在心，當你有事時，自然向你報恩。

讓別人需要你，而不是感激你

真正聰明的人寧願讓人們需要，而不是讓人們感激。有禮貌的需求心理比世俗的感謝更有價值，因為有所求，便能銘記不忘，而感謝之詞最終將在時間的流逝中淡漠。

一八四七年，俾斯麥成為普魯士國會議員，在國會中沒有一個可信賴的朋友。讓人意外的是，他與當時已經沒有任何權勢的國王腓特烈威廉四世結盟，這與人們的猜測大相徑庭。

腓特烈威廉四世雖然身為國王，但個性軟弱、明哲保身，經常對國會裡的自由派讓步。這種缺乏骨氣的人，正是俾斯麥在政治上所不屑的。俾斯麥的選擇的確讓人費解，當其他議員攻擊國王諸多愚昧的舉措時，只有俾斯麥支持他。

一八一五年，俾斯麥的付出終於得到了回報：腓特烈威廉四世任命他為內閣大臣。他並沒有滿足，仍然不斷努力，請求國王增強軍隊實力，以強硬的態度面對自由派。他鼓勵國王保持自尊來統治國家，同時慢慢恢復王權，使君主專制再度成為普魯士最強大的力量。國王也完全依照俾斯麥的意願行事。

一八六一年腓特烈逝世，他的弟弟威廉繼承王位。然而，新的國王很討厭俾斯麥，並不想讓他留在身邊。俾斯麥識趣地迅速引退。

威廉與腓特烈同樣遭受到自由派的攻擊，他們想吞噬他的權利。年輕的國王感覺無力承擔國家的責任，開始考慮退位。這時候，俾斯麥再次出現了，他堅決支持新國王，鼓動他採取堅決而果斷的行動對待反對者，採取高壓手段將自由派趕盡殺絕。

儘管威廉討厭俾斯麥，但是他明白自己更需要俾斯麥，因為只有俾斯麥的幫助，才能解決統治危機。於是，他任命俾斯麥為宰相。雖然兩個人在政策上有分歧，但並不影響國王對他的重用。

每當俾斯麥威脅要辭去宰相之職時，國王從自身利益考慮便會讓步。俾斯麥聰明地攀上了權力的最高峰，成為國王的左右手，不僅牢牢地掌握了自己的命運，同時也掌控著國家的權力。

俾斯麥認為，依附強勢是愚蠢的行為，因為強勢已經很強大了，他們可能根本就不需要你；而與弱勢結盟則更為明智，可以讓別人需要你而依附於你，讓自己成為他們的主宰力量。他們不敢離開你，給自己帶來危機，他們的地位就會受到威脅，甚至崩潰。因此，為人處世只有讓自己變得強大才不會被人所拋棄。

善用人脈，朋友多了路好走你

單靠一個人的力量是成不了大事的。多結交志同道合的朋友，豐富自己的人際資源，相互扶持。好的人脈是成大事的重要前提。

在京城期間，曾國藩留心結交朋友，與倭仁、吳廷棟、何桂珍、何紹基等人交往最為密切。當時，這些朋友都還沒有登上政治舞臺，靠著患難中結下的友誼，在曾國藩後來成大事的過程中，這些人給予了極其重要的幫助。

對曾國藩影響最深的是名儒唐鑑。他曾經教導曾國藩治學方法，告誡他讀書要專一，要先進入門徑，並指導他精讀《朱子全集》。因此，曾國藩雖然沒有正式拜師，但一直對他以師禮相待。唐鑑去世後，曾國藩不但為他向朝廷請求贈諡號，還為他寫了銘文。

理學大師倭仁對曾國藩也產生了很大的影響。曾國藩原來也有寫日記的習慣，但是主要記的都是些生活瑣事。經過倭仁的教導，他主要記自己一天的得失，時刻反省自己，強化對自己的要求。正是從這時開始，曾國藩的人格發生了巨大的變化。

這些朋友有一個共同的特點，那就是專心學問，不尚空言，都是心懷大志、不甘墮落之輩。他們經常往來，互相鼓勵，互相針砭。曾國藩擇友，強調的是志同道合，對那些甘於平庸或者大言欺人的人，他是敬而遠之的。

曾國藩不喜歡結交誇誇其談之輩。如龐作人，慕名來和曾國藩結交，曾國藩見他好說大話，不著邊際，和他的交往就逐漸減少了。但當曾國藩官至兩江總督，指揮四省軍務時，龐作人又跑到江南，希望能憑自己的三寸不爛之舌，混個一官半職。但曾國藩拒絕了他，他只好灰頭土臉地走了。

李鴻章到了京城，在曾國藩的指引下，逐漸打開了交際的視野，結交了不少有志之士。李鴻章為人灑脫，比老師更善於交際。曾國藩擔心他擇友不嚴，不斷加以誘導。曾門弟子和同年進士是李鴻章最重要的人際資源。

在這些人中，李鴻章與沈葆楨同門同房，交情最為融洽。沈葆楨考中進士後，和李鴻章一同被點為翰林。當了三年翰林院庶起士後，兩人又一同當了三年翰林院編修。咸豐三年（一八五三年），李鴻章回鄉辦團練，沈葆楨在第二年出任江南道監察御史。後來，沈葆楨還一度做過曾國藩的幕賓。

咸豐六年（一八五六年），沈葆楨改任廣信知府。上任不久，就遇到太平軍楊輔清率領數萬大軍前來進攻。當時城中守軍僅四百人，聞信頓時逃得不知去向。沈葆楨正在城外洽公，有人勸他的夫人林普晴出城暫避，林普晴仗劍立在府衙外邊，誓與丈夫效死朝廷。後來幸虧饒廷選率領救兵來得及時，廣信城才得以保住。這件事後，曾國藩對沈葆楨更是刮目相看，在同治元年（一八六二年）上奏力薦，破格提拔為江西巡撫，成為封疆大吏。

李鴻章在咸豐八年（一八五八年）底投奔曾國藩時，特意繞道途經廣信，與沈葆楨徹夜長談。後來李鴻章和曾國藩起衝突，在湘軍幕府感到不太得志，想去沈葆楨的家鄉福州當道台。沈葆楨得知後，立刻寫信勸李鴻章留在曾國藩身邊等待機會。不久，在曾國藩的密薦下，李鴻章擔任江蘇巡撫，沈葆楨則擔任江西巡撫。

李鴻章的密友當然不止沈葆楨一人，其他如郭嵩燾、陳鼐等，都對他的崛起給予了重要的幫助。李鴻章在曾國藩的引導下，結交了一大批有志之士，這也是他後來事業成功的人際基石。

只憑單打獨鬥是做不成大事的。志同道合之輩是成大事的關鍵，有志青年，應該把這作為一種成功的資源來挖掘。人是感性動物，當然都難逃「人情債」。

所謂人情投資，就是能夠在人情世故上多一分關心、多一分幫助。

俗話說得好，在家靠父母，在外靠朋友，做生意投資人情，談的就是一個「緣」字；人情如同人際關係中的「鹽」，缺之一切都會淡然無味，更不用談有很多朋友了。一個有頭腦的人應該懂得把「人情生意」做得恰到好處，這樣才能在恰當的時候讓人情變為自己成功的捷徑。

居功自傲，無異自取滅亡

好大喜功是人的天性。人往往在取得一定的功績之後，便居功自傲，無意放縱了自己。思想上的鬆懈，會讓我們的心性如脫韁的野馬般瘋跑，以至於走向末路……

清朝年羹堯一生的歷程便是如此，他在早期仕途一路順暢，西元一七〇〇年考中進士，入朝做官，升遷很快，不到十年已成為重要的地方大員——四川省長官。這時正是清朝西北邊疆戰事頻仍的時期。

當時康熙重用年羹堯，就是希望他能平定與四川接近的西藏、青海等地叛亂，年羹堯也沒有讓康熙失望。在一七一八年參與平定西藏叛亂的過程中，年羹堯表現出了非凡才幹。他當時負責清軍的後勤保障工作，由於他熟悉西藏邊疆的情況，與清軍中滿族、漢族將領的關係都很不錯；雖然運送糧餉的道路十分艱險，但是在年羹堯的努力下，清朝大軍的糧飼供應始終是充足的，從而為取勝創造了條件。

因此，第二年年羹堯就被康熙皇帝晉升為四川、陝西兩省的長官，成為清朝在西北最重要的官員。這一年九月，青海地區又出現叛亂。這一次朝廷任命年羹堯為主帥前去鎮壓。出兵前，年羹堯突然下令：「明天出發前，每個士兵都必須帶上一塊木板，一捆乾草。」將士們都不明白這是為什麼，又不敢問。

第二天進入青海境內，遇到了大面積的沼澤地，隊伍難以通過。這時年羹堯下令將乾草扔進沼澤泥坑中，上面鋪上木板，這樣，軍隊就順利而快速地通過了沼澤。這沼澤本是反叛軍隊依賴的一大天險，認為清軍不可能穿過沼澤，哪想到突然之間年羹堯的大軍已經出現在他們面前，一時驚慌失措，很快就被年羹堯打敗。

又一次，夜晚宿營時，半夜時突然一陣風從西邊吹來，很快便停了。年羹堯發覺後立刻叫來手下將軍，命令他帶上幾百名精銳騎兵，飛速趕往軍營西南的密林中捕殺埋伏的敵人。手下來不及多想，帶上兵馬就去了，果然在密林中發現埋伏的敵人，便將他們全部殲滅了。

手下百思不得其解，問他是如何知道密林中有伏兵，年羹堯笑笑說：「那風只吹了一陣子就突然沒了，應該不是風而是鳥飛過的聲音。半夜鳥不應該飛出來，一定是受到了人的驚嚇。西南十里外密林中鳥很多，所以我料定敵人在那裡埋伏。」手下聽了不由暗暗起敬，年羹堯之多謀善斷、能征善戰可見一斑。

由於年羹堯從小曾在雍正家裡待過，因而一直視雍正為他的主人，而雍正能成為皇帝，年羹堯也立下過汗馬功勞，因而即位後的雍正更加信任年羹堯。西北地方的軍事民政全部由年羹堯一人負責，在官員任命上，雍正也常聽年羹堯的意見。雍正不僅對年羹堯本人而且對他全家也很關照，年家大大小小都受過雍正封賞。

但是，隨著權力的日益擴大，年羹堯以功臣自居，變得目中無人。一次他回北京，京城的王公大臣都到郊外去迎接他，他對這些人看都不看，顯得很無禮。他對雍正有時也不恭敬，一次在軍中接到雍正的詔令，按理應擺上香案跪下接令，但他隨便一接了事，令雍正很氣憤。

此外，他還大肆接受賄賂，隨便任用官員，擾亂了國家秩序。他一出門，威風凜凜不算，他家一個教書先生回江蘇老家一趟，江蘇一省長官都要到郊外去迎接。雍正漸漸對他忍無可忍。

一七二六年初，年羹堯給雍正進賀詞時，竟把話寫錯，讚揚的語言成了詛咒的話。雍正以此為藉口，抓了年羹堯，此後又羅列了多條罪狀，將他徹底打倒。最後，年羹堯在雍正的諭令下被迫自殺。

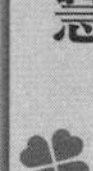

老子在《道德經》中指出：最完善的人所具備的上等德行，就像水一樣。水的特點能夠滋潤萬物，使之盡情生長，而又不與萬物爭功奪利，始終保持著平靜。可以說水是最溫柔、最善良的東西，它所具有的寬廣胸懷和毫無所求、甘居人下的德操，是最接近大道本質的。這正是我們人類最應效法的德性。

在老子看來，水的行為方式也同樣值得我們學習，當它流動遇到阻礙時，它會迂迴百轉繼續前進，這就是曲則全，也是謙虛容忍的美德。而這種美德也與大道的柔軟特性最為接近。我們人類應學習水這種與世無爭的寬容，學習水這種滋潤萬物而不圖回報、功成而不居傲的謙虛品德。

而這也正是大道的德操。這與許多人在取得成就後，只知道誇耀自己的努力及運氣是有顯著不同的；而那樣的人，很容易就為自己招致禍患。

能忍小失，才有大得

很多先哲都明白得失之間的關係。他們充滿遠見，以一時的小失換得更多的回報，而非一時一事的得與失。

春秋戰國時期的宓子賤是孔子的弟子，魯國人。有一次齊國進攻魯國，戰火迅速向魯國單父地區推進，而此時宓子賤正在單父。當時正值麥收季節，大片的麥子已經成熟了，不久就能夠收割入庫了，可是齊軍一來，眼看到手的糧食就會當場讓齊國搶走。

在地一些父老向宓子賤提出建議，說：「麥子馬上就要熟了，應該趕在齊國軍隊到來之前，讓咱們這裡的老百姓去搶收，不管是誰種的，誰搶收了就歸誰所有，肥水不流外人田。」另一個人也認為：「是啊，這樣把糧食打下來，可以增加我們魯國的糧食。而齊國的軍隊沒有糧食，自然堅持不了多久。」然而儘管鄉中父老再三請求，宓子賤堅決不同意這種做法。

後來，齊軍一來，果真把單父地區的小麥一搶而空。

為了這件事，許多父老埋怨宓子賤，魯國的大貴族季孫氏也非常憤怒，派使臣向宓子賤興師問罪。

宓子賤說：「今年沒有麥子，明年我們可以再種。如果官府這次發佈告令，讓人們去搶收麥子，那些不種麥子的人則可能不勞而獲，得到不少好處，單父的百姓也許能搶回一些麥子，但是那些趁火打劫的人以後便會年年期盼敵國的入侵，民風也會變得越來越壞，不是嗎？」

「其實單父一年的小麥產量，對於魯國強弱的影響微乎其微，魯國不會因得到單父的麥子就強大起來，也不會因失去單父這一年的小麥而衰弱下去。但是如果讓單父的老百姓，以至於魯國的老百姓都存了這種借敵國入侵能獲得意外財物的心理，這才是危害我們魯國的大敵。這種僥倖獲利的心理，那才是我們幾代人的大損失呀！」宓子賤道。

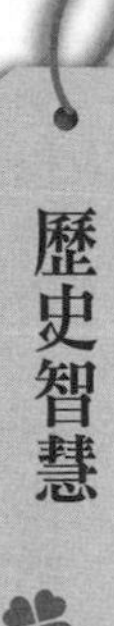

宓子賤自有他的得失觀，他之所以拒絕父老的勸諫，讓入侵魯國的齊軍搶走了麥子，是因為他認為這樣做失掉的只是有形的、有限的一點點糧食，而讓民眾存有僥倖得財得利的心理才是無形的、長久的損失。得與失應該如何取捨，宓子賤做出了正確的選擇。我們必須明白，忍一時的失，才能有長久的得，要能忍小失，才能有大的收穫。

裝瘋賣傻，以圖大計

裝瘋賣傻，在中國歷史上被許多人奉為韜光養晦的有效方略，並屢試不爽。處在人生劣勢的情形下，不妨使用之。

孫臏是戰國時期著名的軍事家，與龐涓一起拜鬼谷子為師，但在才智方面超過龐涓。鬼谷子因孫臏單純質樸，對他厚待一層，偷偷地將孫臏先人孫武所著兵書《十三篇》，也就是《孫子兵法》傳授給他。

龐涓當了魏國大將，孫臏到他那裡去做事，龐涓才知道孫臏在老師那裡另有所得，更加嫉恨孫臏。他在魏惠王面前誣告孫臏裡通外國，至孫臏被施以刖刑，削去膝蓋骨，無法站立，不良於行。

而後龐涓把孫臏祕密關押，表面上大獻殷勤，好吃好喝地供養。孫臏不知就裡，還對龐涓感激涕零。龐涓乘機索要《孫子兵法》一書。孫臏因無抄錄手本，只依稀記得一些。龐涓就弄來木簡，讓他抄錄。龐涓準備在孫臏完成之後，便斷絕食物供給，把他餓死。但是，龐涓派來伺候孫臏的童僕偷偷把龐涓的陰謀詭計告訴了孫臏，孫臏才恍然大悟。

孫臏是一個有著遠大抱負的軍事謀略家，他立即想出了一條脫身之計。

當天晚上，孫臏就偽裝成得了瘋病的樣子，一會兒嚎啕大哭，一會兒嘻皮笑臉，做出各種傻相，或唾沫橫流，或顛三倒四，又把抄好的書簡翻出來燒掉。龐涓懷疑他裝瘋賣傻，派人把他扔進糞坑裡，弄得滿身污穢。孫臏為了自己的遠大志向，在糞坑裡爬行，裝出毫不在意的樣子。

龐涓又讓人獻上酒食，欺騙他說：「吃吧，相國不知道。」孫臏怒目而視，罵不絕口，說：「你們想毒死我嗎？」隨手把食物倒在地上。龐涓讓人拿來土塊汙物，孫臏反而當成好東西抓來吃。龐涓因此相信孫臏確實是精神失常了，疑心稍有解除。

此時，墨翟的弟子禽滑釐把他在魏國所見孫臏的情況全部告訴了齊國相國鄒忌，鄒忌又轉告了齊威王。齊威王命令辯士淳于髡到魏國去見魏惠王，暗中找到孫臏，祕密地把孫臏接回齊國。

孫臏在身陷囹圄之時，冷靜沉著，故意裝得愚蠢瘋傻，忍受巨大的恥辱與折磨，騙過龐涓，保住了性命。後來，在馬陵之戰中，孫臏以卓越的軍事才能，設計除掉了死對頭龐涓，洗刷了恥辱。

第二個例子是李忱，他是唐憲宗的第十三個兒子。他幼時顯得十分呆癡，極為沉默寡言，彷彿啞巴一樣。宮中人都將他看成傻子。唐文宗、唐武宗都是他姪子輩的人，可一點也不尊敬他，經常拿他尋開心，以誘使他開口說話來取樂。

當唐武宗病危之際，宦官們以為像他這樣呆傻的人物，易於他們控制，便立他為皇太叔，接著將他推上了帝位，這就是唐宣宗。可他一登基，召見百官、裁決政務，侃侃而談；評判得失，全然合理，令所有的人都大吃一驚。

他在位十四年，約束親屬，禮待大臣睦如兄弟；明察慎斷，刑法無私；從諫如流，儉約律己，人們稱之為「小太宗」，是唐朝後期一個難得的中興之君。

裝瘋賣傻，能麻痺對手的視聽，為你贏得有利的時間和戰機。和孫臏、李忱一樣，朱棣也靠「裝瘋賣傻」獲得了主動。

朱棣是明太祖朱元璋的第四個兒子。在朱元璋打天下的爭鬥中，他立功最多，頗受朱元璋器重，封他為燕王，令他鎮守北平。皇太子朱標死後，朱元璋曾有意立他為太子，但因他之上還有兩位兄長，為避免兄弟相爭，朱元璋只好以孫子朱允炆為帝位繼承人。對此，燕王朱棣一直耿耿於懷。

明惠帝朱允炆即位時，各地藩王都是父執輩，割據要地，虎視眈眈。戶部侍郎卓敬上書密奏：「燕王智謀過人，又鎮守北平這樣的要害之地，兵強馬壯，不可不防。不如將他遷往南昌，萬一有變，也容易控制。」

朱允炆本就對他這位智力超人的皇叔很是疑懼，見此密奏後，深以為是，便著手做了一系列相應部署，對朱棣嚴加防範和監督。

朱棣也確實不大看得起這個軟弱無能的朱允炆。沒能當上皇帝，心中有怨，圖謀取而代之。於是，便在王府內私製兵器，招兵買馬，暗中操練，做起事準備。不久，燕王朱棣的陰謀被人告發，朱允炆嚴加訓責。

燕王朱棣恐慌之下，思及馬上起兵反抗朝廷時機還未成熟，但又不能束手待斃，於是他心生一計，決定以裝瘋來迷惑朝廷。

他經常狂呼亂叫，奔走於燕京的長街鬧市；或闖入酒樓飯鋪之中，奪人酒食；或顛三倒四，胡言亂語；或昏睡於泥土污穢之上，終日不醒。

「燕王瘋了！」這個消息傳遍朝野。體格一向健壯的他突然會變成這個模樣，也令許多人感到疑惑。北平布政使張昺和都指揮使謝貴便決定親去燕王府探個究竟。

當時已是夏曆六月，正值盛夏，酷熱難忍，卻見朱棣圍坐在火爐邊，渾身發抖，連呼：「太冷了，太冷了！」見有人來，甚至都站不起來，不得不拄著拐杖起身迎接。此情此景，使得張、謝二人不由得消除了懷疑。

雖然紙最終包不住火，但燕王的裝瘋卻為他發動「靖難之役」贏得了時間。等一切準備就緒之後，朱棣便以「靖難」為名，公然與朝廷對抗。經過四年血肉相爭，朱棣攻陷京城，登位稱帝，史稱明成祖。

在生理方面製造假象，迷惑和麻痺政敵，使其放鬆警惕，不加提防，常常能夠收出人意料的效果。

單舉朱棣為例，他奪取帝位的野心蓄謀已久，他為此而進行的準備也是多方面的，如廣結人才，暗蓄軍備，裝瘋只不過是整個活動中最富戲劇性的一幕。從生理方面進行掩飾，最便利的方法莫過於裝瘋賣傻。精神病人總不會形成現實的政治威脅，誰會跟瘋子進行認真的政治較量呢？裝瘋賣傻挽救了不少古代政界中人的厄運。

朱棣的奪權成功了，成了鼎鼎大名的永樂皇帝，而他裝瘋賣傻這一幕居然還能在正史中保存下來，看來他對此並不忌諱。也許，他以為，這並沒有污損他的光輝形象，反而顯示了他的機智謀略。本來嘛，在權力爭鬥中，一切手段都無所謂是，無所謂非，最終的結局是評判一切的唯一標準。

掩藏真正意圖，反而易得所欲

別人想要的東西，要順著他的想法給予他。而自己所想要的，卻要設法掩藏起來，不讓人知道自己的想法，然後才容易得到自己想要的一切。

馮道在後晉石敬瑭手下擔任宰相，因石敬瑭為求得契丹出兵援助自己打敗後唐，奪取天下，不僅割盧龍一道和雁門關以北地區為厚賂，矮化自己對契丹自稱臣兒。事定後，需要派一名重臣為禮儀使到契丹，為契丹主耶律德光和蕭太后上尊號。

石敬瑭心中的理想人選是馮道，但考慮到此行可能有去無回，感到難以啟齒，便叫幾名宰相商議決定。

捧著詔書的文書小吏一到中書省便哭出聲來，因為自己的皇帝要對外藩稱臣、稱兒，實在是太屈辱了。

馮道正和幾名同僚商議政務，見狀大驚。待明白來意後，幾名宰相都嚇得面無人色，唯恐這樁既危險又屈辱的差事砸到自己頭上。

馮道看出了大家的心思，不發一語，很鎮靜地在一張紙上寫下「道去」兩字，其他人看後既感到解脫，又替他難過，甚至有人當場落淚。

馮道出任禮儀使到了契丹後，契丹主對他很重視，本想親自出去迎接，後因人勸「國君不應迎宰相」才作罷。

給契丹主和太后上過尊號後，馮道便被契丹主留下為官，契丹族的風俗只賜給貴重大臣象牙笏，或在臘日賜牛頭，有其中一樣就是特殊寵幸，然而馮道卻全都得到了。他還為此做詩一首：「牛頭偏得賜，象笏更容持。」

契丹主知道後大為高興，暗示要長期留他在契丹為官，馮道說：「南朝為子，北朝為父，我在兩朝做官，沒有什麼分別。」契丹主聽了更是喜歡。

馮道把得到的賞賜都用來買木炭，對人說：「北方寒冷，我年紀老了，難以忍受，不得不多做些準備。」擺出一副紮根契丹的架勢。

契丹主唯恐留不住馮道，見他如此，不僅不再懷疑他的忠誠，反而覺得自己的兒皇帝那裡更需要這樣忠誠有名望的大臣輔佐，便讓馮道回石敬瑭那裡。

馮道三次上表推辭，表稱自己眷戀上國，不忍離去，契丹主一再催促強迫，馮道才顯得百般不情願地上路了。

他先在驛館中住了一個月，然後慢吞吞地回返。一路上到一個地方便停下來住宿，一點也不著急，契丹主派人查探後，愈加放心。馮道一直走了兩個月，才出了契丹國境。

馮道身邊的人問他：「我們能逃出虎口，返回家鄉，恨不得身生雙翅，您卻走走停停，卻是為何？」

馮道笑著說：「急有什麼用？我們如果走快了，契丹主用快馬一天就可以把我們追回去。我們走得慢，他們難以覺察我們的心思，這樣才能安全返回。」左右的人聽後，都恍然大悟，欽佩不已。

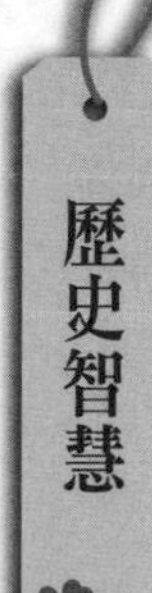

馮道似乎已是「小人」的代名詞了。然而君子身上往往也會有令人難以容忍的缺點，有些小人的身上也不乏閃光點，這是由人的多樣性和複雜性所決定的，難以一概而論。

拋開道德的因素，馮道還是一位很有計謀、手段也很老道的人。無疑，馮道深諳歷史潛規則，他的熟練運用，讓自己達到了預期的目的。

開外掛人生的歷史智慧

人是感性動物，當然都難逃「人情債」。儘管在商場上素來有「認錢不認人」之說，但是成功人士都善於投資「人情生意」，讓別人欠下一筆永遠也償還不了的人情債。

所謂人情投資，就是能夠在人情世故上多一分關心、多一分幫助。俗話說得好，在家靠父母，在外靠朋友。在外經商就得做「人情生意」。

做生意投資人情，談的就是一個「緣」字，彼此能夠一拍即合。要保持長期的相互信任、相互關照的關係也不那麼容易，成功男人仍然需要不斷進行「感情投資」。相互最仇視的對手，往往原先是最親密的夥伴。反目成仇的原因，恐怕誰也說不清，留下的往往都是互相指責和怨恨。走到這一步是一些人忽略了投資「人情」。

投資「人情生意」應該是經常性的，在商務交際中是不可少的，在其他任何時候、任何地點都不能少。人情如同人際關係中的「鹽」，缺之一切都會淡然無味，更不用談有很多朋友了。一個有頭腦的人應該懂得把「人情生意」做得恰到好處，這樣才能在恰當的時候讓人情變為自己成功的捷徑。

第七章

摸透人性，情商決定成功上限

人與人之間的關係帶有一種隱蔽性，在這隱蔽性後面有一隻看不見的「大手」在操縱著這一切。識破了這一點，等於洞悉了人類社會中的某些行為，並可以由弱轉強、由「小」做「大」。

只要使一部分人滿意就足夠了

每個人的要求和標準是不一樣的，世界上也沒有完全如意的事情。因此，做事只要求使一部分人滿意就已經足夠了。

很久以前，有一位名詩人自問：「世界上有哪一個人的作為，能滿足世人的所有需要和欲望？」他想了一整夜，後來他自己回答：「沒有一個人做得到。」

齊國宰相管仲重病在床，齊桓公沒一個可信賴、可商量的人。他心裡覺得鮑叔牙挺有才能，於是問管仲的意見：「仲父，要是你病危不治，到了那時，齊國我將託付給誰呢？」

管仲：「您想託付給誰呢？」

桓公說：「鮑叔牙。」

管仲說：「鮑叔牙不合適，他為人很好，也很廉潔。但他過分清高，對那些不如自己的人便不願去接近、交往。他一旦知道誰有過錯，便會牢記在心，總也不能原諒人家。如果讓他治國，他一定是個忠誠正直之臣。但同時，在是非曲直之時，他也一定會和君主對著幹的，絕不會婉轉周旋。對下級也必定會看得很清楚、很透徹；同時，要求也會很苛刻、瑣碎。這樣，他向上會很容易得罪君主，在下級心中也不會有好印象。如果您把事務委託給他，他這方面的問題您會很快就發現的。」

管仲之所以認為鮑叔牙不適合，就是因為鮑叔牙做事無論是對自己還是別人都要求盡善盡美。

從前，有一位畫家想畫一幅人人見了都喜歡的畫。畫完，他拿到市場上去展出。畫旁放了一支筆，並附上說明：每一位觀賞者，如果認為此畫有欠佳之筆，均可在畫中作記號。晚上，畫家取回畫，發現整個畫面都塗滿了記號——沒有一筆一畫不被指責。畫家十分不快，對這次嘗試深感失望。

畫家決定換一種方法去試試。他又畫了同樣的畫拿到市場展出。這一次，他要求每位觀賞者將其最為欣賞的妙筆標上記號。當畫家再取回畫時，他發現畫面上又塗滿了記號——一切曾被指責的筆劃，如今都換上了讚美的標記。

「哦！」畫家不無感慨地說道，「我現在發現一個奧妙，那就是：我們不管幹什麼，只要使一部分人滿意就夠了。」

如果一個人不是工作做不好，而是希望做得好上加好；不是工作不認真，而是工作太認真，丁是丁，卯是卯，並且要求別人也像他一樣；他絕不會華而不實，並且要他的手下人也像他一樣有能力、講實效。他對事情的成果不是適可而止，而是要像他自己做事的態度一樣，要求做到好上加好，那麼他終會被自己的這種想法所累，離成功越來越遠。

以己之長，攻人之短

打架不一定弱的輸，賽跑不一定快的贏。關鍵在於你能不能夠充分利用自己的特長，以己之長，攻人之短。

齊國的將軍田忌經常與齊威王賽馬。他們賽馬的規矩是：雙方各自下賭注，比賽共設三局，勝兩局的為贏家。然而每次比賽，田忌總是輸給齊威王。

這一天，田忌賽馬又輸給了齊威王。回家後，田忌把賽馬的事告訴了自己的軍師孫臏。這孫臏是軍事家孫武的後代，飽讀兵書，深諳兵法，足智多謀，被龐涓謀害雙腿殘廢。來到齊國後，很受田忌器重，被田忌尊為上賓。

孫臏聽了田忌談他賽馬總是失利的情況後，說：「下次賽馬你讓我前去觀戰。」田忌非常高興。

又一次賽馬開始了。孫臏坐在賽馬場邊上，很有興趣地看田忌與齊威王賽馬。第一局，齊威王牽出自己的上馬，田忌也牽出了自己的上馬，結果跑下來，田忌的馬稍遜一籌。第二局，齊威王牽出了中馬，田忌也以自己的中馬與之相對。第二局跑完，田忌的中馬也慢了幾步而落後。第三局，兩邊都以下馬參賽，田忌的下馬又未能跑贏齊威王的下馬。

看完比賽回到家裡，孫臏對田忌說：「我看你們雙方的馬，若以上、中、下三等對等比賽，你的馬都相應的差一點，但懸殊並不太大。下次賽馬你按我的意見辦，我保證你必勝無疑，你儘管多下賭注就是了。」

這一天到了，田忌與齊威王的賽馬又開始了。第一局，齊威王出那頭健步如飛的上馬，孫臏卻讓田忌出下馬，一局比完，自然是田忌的馬落在後面。

可是到第二局形勢就變了，齊威王出以中馬，田忌這邊以上馬對戰，結果田忌的馬跑在前面，贏了第二局。最後，齊威王剩下了最後一匹下馬，當然被田忌的中馬甩在了後面。這一次，田忌以兩勝一負而取得賽馬的勝利。

由於田忌按孫臏的吩咐下了很大的賭注，他一次就把以前輸給齊威王的都賺了回來，還略有盈餘。

田忌以前賽馬的辦法總是一味硬拚，希望一局也不要輸，結果因自己整體實力差那麼一點，總是比輸了。孫臏則巧妙運用自己的優勢，先讓掉一局，然後保存實力去確保後兩局的勝利，這樣便保證了整體的勝利。也許，我們都該悟出這樣的道理：每個人生來都不可能是完美的，成功的關鍵在於以長制短、以優制劣。

繞遠路可能先抵達終點

英國軍事家哈利曾說過：「在戰略上，漫長的迂迴道路，常常是達到目的的最短途徑。」

西元前二六五年，趙國的趙太后剛執政不久，秦國便發兵前來進攻。趙國求救於齊國。齊國提出必須以趙太后的小兒子長安君作人質，才肯發兵相救。但是趙太后捨不得小兒子，堅決不允。趙國危急，群臣紛紛進諫。趙太后依舊堅決地說：「從今日起，有誰再提用長安君作人質，我就往他臉上吐口水！」大臣們便不敢再多說什麼。

有一天，左師觸龍要面見趙太后，趙太后知道觸龍一定是為了勸諫此事而來，於是她便擺開了吐口水的架勢。想不到觸龍慢條斯理地走上前，見了太后，關心地說：「老臣的腳有毛病，行走不便，因此好久未能來見您，我擔心太后的玉體違和，今天特地來看望。最近您過得如何？飯量沒有減少吧？」太后答道：「我每天都吃粥。」

觸龍又說：「我近來食慾不振，但我每天堅持散步，飯量有所增加，身體才漸漸好轉。」趙太后聽觸龍不提人質的事，怒氣漸漸消了。兩人於是親切、融洽地聊了起來。

聊著聊著，觸龍向趙太后請求道：「我的小兒子叫舒祺，最不成才，可是我偏偏最疼愛這個小兒子，懇求太后允許他到宮中當一名衛士。」

太后馬上問觸龍：「他幾歲了？」

觸龍答：「十五歲。他年歲雖小，可是我想趁我在世時，趕緊將他託付給您。」

趙太后聽到觸龍這些愛憐小兒子的話，深有同感，便忍不住與他閒談。太后說：「真想不到你們男人也疼愛小兒子呀！」

觸龍說：「恐怕比你們女人還更甚呢！」

太后不服氣地說：「不會吧，還是女人更愛小兒子。」

觸龍見時機已到，於是把話題引深一步，說：「老臣認為您愛小兒子愛得不夠，遠不如您愛女兒那樣深。」太后不同意觸龍的這個說法。

觸龍解釋道：「父母愛孩子，必須為孩子作長遠的打算。想當初，您送女兒遠嫁燕國時，雖然為她的遠離而傷心，可是又祈禱她不要有返國的一日，希望她的子子孫孫相繼在燕國為王。您為她想得這樣長遠，這才是真正的愛。」

太后信服地點了點頭。觸龍接著說：「您如今雖然賜給長安君許多土地、珠寶，但若不使他有功於趙國，您百年之後，長安君能自立嗎？所以我說，您對長安君不是真正的愛護。」

觸龍這番話說得趙太后心服口服。太后終於同意準備車馬、禮物給長安君，送他去齊國當人質，並讓他催促齊國出兵。長安君到達齊國不久，齊國就出兵解了趙國之圍。

觸龍說服趙太后的方法，便是運用以迂迴為策略的典範。

此外，清朝著名雄辯家紀曉嵐也很善於駕馭語言。有一回，乾隆皇帝想開個玩笑以考驗紀曉嵐的辯才，便問紀曉嵐：「紀卿，『忠孝』二字作何解釋？」

紀曉嵐答道：「君要臣死，臣不得不死，是為忠；父要子亡，子不得不亡，是為孝。」

乾隆立刻說：「那好，朕要你現在就去死。」

「臣領旨！」

「你打算怎麼個死法？」

「跳河。」

「好吧！」

乾隆當然知道紀曉嵐不可能去死，於是靜觀其變。不一會兒，紀曉嵐回到乾隆皇帝跟前，乾隆笑道：「紀卿何以未死？」

「我碰到屈原了，他不讓我死。」紀曉嵐回答。

「此話怎講？」

「我到河邊，正要往下跳時，屈原從水裡向我走來，他說：『曉嵐，你此舉大錯矣！想當年楚王昏庸，我才不得不死；可是如今皇上如此聖明，你為什麼要死呢？你應該回去先問問皇上是不是昏君，如果皇上說他跟當年的楚王一樣是個昏君，你再死也不遲啊！』」

乾隆聽後，放聲大笑，連連稱讚道：「好一個如簧之舌，真不愧為當今的雄辯之才。」

歷史智慧

觸龍和紀曉嵐不愧是運用方圓之道的傑出代表。就拿紀曉嵐來說，他巧用「迂迴出擊」的技巧，在毫不損害乾隆面子的情況下，點出他的無理之處，一舉令他折服。很顯然，乾隆是根據紀曉嵐提出的「君要臣死，臣不得不死，是為忠」之論叫他去死，此令順理成章。紀曉嵐臨陣進退皆無道理，只有迂迴出擊，方能主動創造契機，指出「如果皇上承認自己是昏君，我就去死」。而乾隆當然不可能承認自己是昏君，因此紀曉嵐很自然地把自己從「死」中解脫出來，為自己找到了一個充分的不死理由。

眼光有多遠，就能走多遠

一個人成功的關鍵往往在於他是否具有超人的判斷力，能夠搶先別人洞悉未來可能發展的趨勢，這樣的人常常會取得驚人的成績。

秦末戰爭爆發以後，項羽和劉邦約定，先入咸陽的人稱王。沛公劉邦於是日夜兼程，首先抵達。

咸陽作為秦的國都，全國的金銀珠寶、圖書典籍，都聚集在此。進入咸陽之後，劉邦的部將們都爭著跑到秦國府庫中去瓜分金銀財寶，只有蕭何一個人先帶人去沒收秦丞相、御史制訂的法律、典章、文書、檔案，並妥善收藏好。

後來，劉邦之所以能全面了解全國的險要關塞、人口多少、哪些方面強、哪些方面弱以及人民所痛恨的是什麼，並最終取得楚漢戰爭的勝利，就是因為蕭何接管了秦朝的這些重要文件的緣故啊！

秦漢時期宣曲（今陝西西安市西）任氏是一個大富商。他的祖上曾經擔任過秦時督道倉的官吏。秦朝失敗後，豪強之人爭著奪取金玉珍寶，只有任氏用地窖藏了許多糧食。任氏的家人都埋怨他，不理解他為什麼這樣做，任氏也沒有多加解釋。

後來，楚霸王項羽和漢王劉邦爭奪天下，相持於滎陽一線，農民無法種作物，加上當時戰爭頻繁，糧食也不能從別的地方轉運過來，滎陽開始鬧起了饑荒，一石米價陡然漲至一萬錢，那些搶奪金玉珠寶的豪強們，空有金玉珠寶，也無可奈何。

這時，任氏打開自己的地窖，趁機販賣糧食。於是，所有的金玉珍寶又都流到任氏手中了。任氏家人都誇讚他的眼光獨到。

俗話說，眼光有多遠，就能走多遠。法國總統戴高樂也曾說：「眼睛看到之處，是你能到達的地方。」我們要取得人生的輝煌，就應該培養自己的遠見意識，練就獨到的眼光。唯有這樣才能擴展自己人生的格局，避免受到諸多因素的干擾。

不入虎穴，焉得虎子

成功和風險幾乎是以一種正比增長的形式存在的。要取得成功，就要學會擔當風險。因此，培養冒險精神，是每個人要面對的人生課題。

東漢時候，班超跟隨奉車都尉（官名）竇固和匈奴打仗，立有功勞。後被派出使西域。他首先到鄯善國。國王早知班超為人，對他十分敬重，但隔了一段時間，忽然變得怠慢起來。

班超召集同來約三十六人說：「鄯善國最近對我們很冷淡，一定是北方匈奴也派有人來籠絡他，使他躊躇不知順從哪一邊。聰明人要在事情還沒有萌芽的時候就發現它，何況現在事情已經很明顯了。」

經過打聽，果然是這樣。於是班超又約同所有的人：「我們現在處境很危險，匈奴使者才來幾天，鄯善國王就對我們這麼冷淡，如果再過一些時候。鄯善國王可能會把我們綁起來送給匈奴。你們說，這該怎麼辦？」

當時大家堅決地表示願聽他的主張。他便繼續道：「不入虎穴，焉得虎子。

現在唯一的辦法，就是在今天夜裡用火攻擊匈奴來使，迅速把他們殺了。只有這樣，鄯善國王才會誠心歸順漢朝。」

這天夜裡，班超就和他同去的三十六個同伴衝入匈奴人住所，奮力死戰，用少數人戰勝了多數的匈奴人，達到了預期目的。

以後的人就根據這個故事，引申成「不入虎穴，焉得虎子」這句話，用來說明人們做事如果不下決心，不歷險境，不經過艱苦的努力，是不能達到預期目的的。

許多人完全知道要成功他們必須做什麼，但因為害怕冒險，常常遲遲不願採取正確的行動。成功的祕密是這樣的：不要只是想著採取行動，而是要「採取正確的行動！」——雖然可能會付出一定的代價！但不入虎穴，焉得虎子！

患得患失不是成事之道

某種東西不容易得到，就難免怕被人搶去。所以，沒得到之前就應該考慮如何不被人搶去，研究出完備嚴密的對策。這樣，得到了也沒有後患，也不怕得而復失了。

晉王李克用死前把兒子李存勖託孤給弟弟李克寧、監軍張承業和大將軍李存璋、吳珙，讓他們輔佐其子接替自己的天下。等晉王死後，他生前養的一些乾兒子各自為政，恃強兵不肯奉李存勖為主，氣勢洶洶。當時，隨時都有可能發生兵變。

李存勖請來叔父李克寧說：「姪兒年幼，沒有威望，又不懂軍事，難以服眾，不能承繼先王的大業。叔父久握兵權，隨先王四處征戰，素為眾將推服。如今還是請叔父來執掌軍府，發揚光大先王的大業。姪兒長大有成，會聽從叔父的安排。」

李克寧勃然道：「這是什麼話？先王把你託付給我，言猶在耳，誰敢擅改先王的遺命。你是先王的繼承人，又是先王親口所命，敢違抗者殺無赦。」李克寧說到做到。他出府後整肅軍紀，先前不服氣的將領懾於他的聲威，無不俯首聽命。李存勖得以接掌軍府。

李克用的乾兒子李存顥終究不甘心屈服李存勖之下，便勸說李克寧：「兄終弟及，這也是古今常理。您身為叔父，反要向自己的姪子叩拜，這算什麼道理？您現在手握軍權，又是眾望所歸，伸手可取的東西卻不取，將來後悔可就來不及了。」

李克寧駁斥道：「我李家世代以上慈下孝聞名天下，先王的大業有合適的人繼承，我還有什麼奢求？你再胡說，我先斬下你的人頭。」

李存顥不死心，又派人去游說李克寧的妻子孟氏。孟氏性格剛烈，恥居人下，不由得動了心思，勸李克寧自立為主。李克寧開始時堅決不同意，後來孟氏屢次勸說、強迫，他也不能不有所心動。他和監軍張承業，大將李存璋在治軍問題上又多有衝突，便有了奪權自立的念頭。李克寧和李存顥等人商議，邀請晉王李存勖到自己府中，然後殺張承業、李存璋，帶河東九州降附於大梁，並把李存勖母子送到大梁做人質。

誰知計劃洩密，李存勖得知了此事。他找來張承業，痛哭流涕道：「家道不幸，叔父竟不能相容。骨肉不可自相殘殺，假如我把位子讓給叔父，就不會有災禍了。」

張承業怒道：「克寧要把大王母子送到虎口裡去，大王想躲避，可是能躲到哪裡去？克寧悖逆如此，不除去還有天理嗎？」張承業找來大將李存璋、吳珙和軍中重要將領，這些人都發誓效忠李存勖。張承業設計邀請李克寧、李存顥到府中喝酒。他們來後，尚未坐穩，伏兵四起，將兩人擒下。李克寧本想用這方法捉李存勖，沒想到反被他用來對付自己了。

李存勖流著淚數落李克寧：「姪兒開始時就要把軍府讓給叔父，叔父堅決不要。現在事情已然如此，為什麼要出這等下策？您怎能忍心把我們母子送給仇敵呢？」

李克寧長嘆一聲，無話可說。就這樣，李存勖先下手為強，爭取了主動權，終於坐穩了晉王的位子。

在奪政一事上，李克寧表現出了患得患失的態度。剛一開始，姪兒讓位時堅辭不受，到最後在別人的游說下又蠢蠢欲動，可惜機密洩露反而因此遭禍，終不是成事之才。年輕人想要成就一番事業，就要果斷行動，不應患得患失。

施計弄巧，創造成功條件

亞歷山大當年稱霸之後，有人對他說，他的成功是善於把握有利的時機和條件，他大聲回答：「這一切無不是我創造出來的！」。

慈禧太后姓葉赫那拉。清咸豐皇帝當初遇上她，完全是一種偶然；而葉赫那拉氏得寵於咸豐皇帝，在一定條件下，又屬於一種必然。這條件，完全是葉赫那拉氏憑她那先天的麗質和超人的心計創造出來的。

西元一八五〇年二月，清道光皇帝駕崩，咸豐皇帝即位。這時，由於清政府的腐敗，導致民不聊生，進一步激化了社會的各種衝突。南方起事不斷發生，僅廣西一省就有二、三十支起兵組織，其中最有影響的是洪秀全領導的太平天國運動。他們討伐清廷，打得清軍焦頭爛額，弄得剛剛即位的咸豐皇帝心神不寧。

後來，咸豐帝起用了漢族地主出身的曾國藩創建的一支湘軍鎮壓太平軍，取得了一些勝利，並佔領了湖北的武漢等地。消息傳到京城，咸豐帝十分高興，心神欣慰，設宴與各位大臣慶賀。慶賀之餘，咸豐帝率嬪妃去圓明園遊玩。咸豐帝與嬪妃正在邊玩邊笑，忽然聽到桐蔭深處傳來南方的曲調，委婉動聽。咸豐帝就問身邊的太監：「是誰在唱？」

太監答道：「是宮女蘭兒。」

這蘭兒便是葉赫那拉氏的小名。那拉氏因為其祖先住在葉赫（遼寧省開原縣北）而得名。她是安徽道台、滿族人惠徵的女兒。那拉氏從小生得機靈，又長得仙女一般，還有圓潤的嗓音，會唱南方江浙一帶的小調，因此十八歲便被選入宮了。

那拉氏入宮後，由於皇帝妻妾很多，自己地位卑微，根本見不到皇帝。然而她又不甘心自己的青春歲月白白過去，決心千方百計地接近皇帝。於是，她便經常打聽皇帝的愛好，並不惜重金買通太監，以便得見龍顏。

這一天，她在桐蔭深處唱歌，就是太監因為拿了她一份厚禮而專門安排的。若不是受賄太監引路，偌大一個圓明園，咸豐帝是根本聽不到她的歌聲的。

咸豐帝聽到動人的歌聲，似有聽其喉知其貌的感覺，身不由己地朝桐蔭深處走來。走至近前，果然見到一位麗質少女：她的身材長得恰到好處，真個是增之太高，減之太矮，亭亭玉立，無一不韻。那滿頭的萬縷青絲，格外潤澤；一雙眸子，明如黑玉。太監見皇帝兩眼發直，心中暗笑，便請皇帝坐了下來，向那拉氏喊道：「皇帝駕到，蘭兒還不快快過來見禮！」

那拉氏聞言，不敢怠慢，急急忙忙來到咸豐帝面前跪倒請安：「向萬歲爺請安！」這六字出口，似雛黃鶯之聲，清脆悅耳，咸豐帝頓覺渾身酥軟，忙讓她站起來。接著，又讓她唱了幾曲，並且讓她端茶。

眾人一見，知道皇帝不想走了，一個個便自覺地離去。隨後，咸豐帝便在那拉氏的服侍下，來到別宮住了下來。一宵恩愛，那拉氏便被封為貴人。從此，那拉氏仗著色藝過人，再加上善於察顏觀色，投其所好，甜言蜜語，竭力奉承，過了幾年，那拉氏為咸豐帝生了一個小皇子，這就是後來的同治皇帝。

咸豐皇帝雖然嬪妃眾多，卻沒有一個能為他生出兒子來。這回那拉氏為他生了個兒子，咸豐皇帝哪有不高興之理？這是命運的巧合，還是功到自然成的結果？母以子為貴。不久，那拉氏就被封為懿妃，隨後，又被封為懿貴妃。

咸豐帝死後，同治皇帝即位，那拉氏垂簾聽政。朝廷為那拉氏加徽號為「慈禧」，故稱為慈禧太后；又因她住在西邊的長壽宮，所以又稱她為「西太后」。

如果沒有當初蘭兒在圓明園的施計弄巧，就不會有桐蔭深處的承受「雨露」；如果咸豐皇帝已經兒孫滿堂，或者那拉氏未能為他生個兒子，那麼，又會怎樣呢？也許蘭兒永遠還是那個蘭兒；也許中國近代的歷史又會成另一番模樣。可惜歷史不能假設。

找最佳的角度解決難題

換一種角度去思考問題，我們能看到新的天地。

相傳古時候，有一個國王，長得十分醜陋。他一隻眼睛瞎了，一條腿是瘸的。然而，就是這樣的一個國王，有一天，竟召集全國的畫師來為他畫像，並且放出話來：畫得好的有賞，畫得不好的要殺頭。

有一個畫家想：「國王的威嚴誰敢冒犯！儘管國王長相醜陋，我還是畫張漂亮的給他吧。」於是，他畫了一張畫像呈獻給國王。只見畫像上的國王不瞎不瘸也不醜，儀態端莊，威嚴無比。國王一看勃然大怒道：「善於弄虛作假、阿諛奉承的人，一定是個有野心的小人，留著有什麼用？拉出去斬首！」第一個畫師就這樣被殺了。

這時，第二個畫師想：「既然畫虛假的畫像國王惱怒，那麼我就如實畫給他吧。」第二個畫師又畫了一張畫像呈獻給國王。只見畫像上的國王瞎著一隻眼，瘸著一條腿，哪裡有一點兒一國之主的威嚴？國王一看怒火中燒，大喝道：「竟敢醜化國王，冒犯天威，此等狂妄之徒，留著有什麼用？拉出去斬首！」第二個畫師也被殺了。

畫家們見此情景，個個嚇得魂不附體，哪個還敢冒險為國王畫像？然而不畫也不行，違抗聖命，照樣會被殺頭的呀。正在眾畫師為難之時，人群中閃出一個人來，他雙手呈上一幅畫像給國王。

國王一看這幅畫像，不禁連連稱歎，讚不絕口，並將畫像賜給群臣觀賞。

這是一幅國王狩獵圖。只見國王一條腿站在地上，一條腿蹬著大石，一隻眼瞇著做瞄準狀，剛好掩蓋了國王的缺陷，充分展現了國王雄姿英發的一面。結果不言而喻，國王賜給這個畫師千兩黃金做為獎賞。

歷史智慧

見機行事，是一種智慧。做同樣一種事情，有的人成功了，有的人失敗了，為什麼呢？這裡有諸多因素，但也有一個技巧問題。這裡所說的技巧，就是做事的角度。成功的企業家、政治家之所以有了成功的業績，正是在奮鬥的過程中，摸索並抓準了出奇制勝的角度。所以說，天下的事情再難做，最後還是有聰明人能夠完成任務。關鍵是做事之前，開動機器，解放思想，找一個最佳的角度，然後再去實施。

開外掛人生的歷史智慧

喜歡讚美，厭惡批評、指責是人之常情。面對讚美，我們往往笑容可掬，頗有風度。而面對指責時，就千人千態了。其實，身處逆境、面對批評的時候，在摸透對方心理底細的前提下，要善於知錯就改。這樣，別人也就不好伸手打笑臉人了，從而避免了使自己陷入更加難堪的境地。

人都本能地喜歡聽表揚的話，不願聽批評的話。有的人一聽到批評，就面紅耳赤、暴跳如雷、惱羞成怒；或者是表面接受，心裡怨恨，尋釁回擊。這些負面回應批評的態度，是極不明智的表現。

負面回應批評反映了一個人不良的做事態度，會嚴重影響他的人際關係和自我提升能力。

缺點、錯誤是一個人成功的大敵，而批評的作用就在於能讓別人幫自己指出缺點，引起自己的警覺。如果不能善待別人的批評，那你的缺點就可能永遠無法改正。

一個人想要成功，就要把別人的批評當成鏡子。用這塊鏡子來照照自己，看自己到底存在哪方面的問題，並加以改正。虛心接受別人的批評，往往可以贏得別人的好感和尊重，這對你事業的成功不無好處。

國家圖書館出版品預行編目資料

那些厲害人物都懂的人性勝率 / 刑群麟, 宿春禮編著
．——初版——新北市：晶冠，2020.05
面；公分．——（智慧菁典系列；17）

ISBN 978-986-98716-2-4（平裝）

1. 成功法

177.2　　109004932

智慧菁典　17

那些厲害人物都懂的人性勝率

作　　者　刑群麟、宿春禮
副總編輯　林美玲
特約編輯　柯延婷
封面設計　王心怡
出版發行　晶冠出版有限公司
電　　話　02-7731-5558
傳　　真　02-2245-1479
E-mail　ace.reading@gmail.com
部 落 格　http://acereading.pixnet.net/blog
總 代 理　旭昇圖書有限公司
電　　話　02-2245-1480（代表號）
傳　　真　02-2245-1479
郵政劃撥　12935041 旭昇圖書有限公司
地　　址　新北市中和區中山路二段352號2樓
E-mail　s1686688@ms31.hinet.net
旭昇悅讀網　http://ubooks.tw/
印　　製　福霖印刷有限公司
定　　價　新台幣320元
出版日期　2020年05月 初版一刷
ISBN-13　978-986-98716-2-4

※本書為改版書，
原書名為《一定要懂的厚黑生存法則：歷史上最有影響力的99條潛規則》。